U0930505

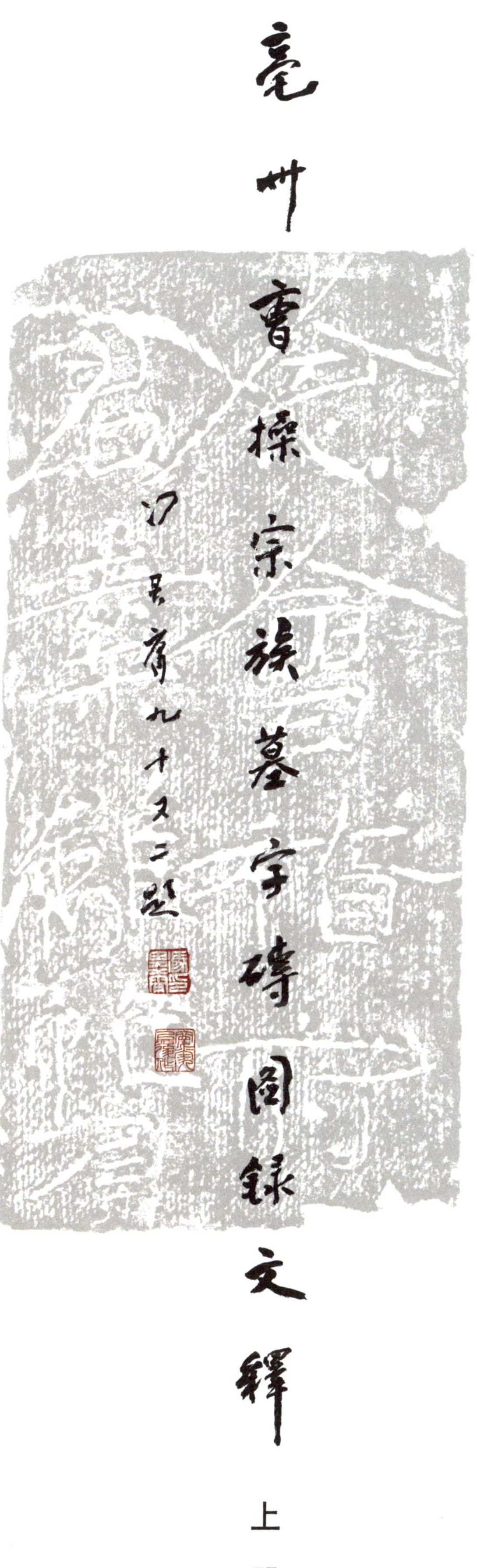

上册

李燦 編著

中華書局

圖書在版編目(CIP)數據

亳州曹操宗族墓字磚圖録文釋：全2册／李燦編著.
—北京：中華書局，2015.12

ISBN 978-7-101-11317-4

Ⅰ.亳… Ⅱ.李… Ⅲ.曹操（155～220）－宗族
－墓葬（考古）－古磚－研究 Ⅳ.①K878.84
②K876.34

中國版本圖書館CIP數據核字(2015)第251240號

責任編輯：郭又陵　蔡宏恩
封面設計：周　玉

微信

新浪微博

亳州曹操宗族墓字磚圖録文釋
（全二册）
李　燦　編著
*
中華書局出版發行
（北京市豐臺區太平橋西里38號　100073）
http://www.zhbc.com.cn
E-mail:zhbc@zhbc.com.cn
北京祖龍古籍膠印裝訂廠
*
889×1194毫米　1/16・40¾印張
2015年12月北京第1版　2015年12月北京第1次印刷
印數：1–2300册　定價：1200.00元

ISBN 978-7-101-11317-4

作者介紹

李燦，1924年生，漢族，安徽亳州人，中共黨員，副研究員，長期從事考古研究工作，創建並兩次重建亳州博物館，重建華佗紀念館，發現並搶修花戲樓、曹操地下運兵道、曹操宗族墓、湯王陵等珍貴文物古迹，爲亳州成功申報第二批國家級歷史文化名城作出了重要貢獻，對殷商文化（含亳文化）發源地和渦水文化進行了深入的研究，提出黄淮古中原地區是最早形成中華民族文化的摇籃的重要論斷。

現任或曾任：中國博物館學會第一、二届理事，中國考古學會會員，中國文物學會會員，中國文物保護基金會修復鑒定專項基金管理委員會專家組成員，安徽省政協委員、博物館學會副會長、考古學會理事、炎黄文化研究會理事、城市規劃學會理事、歷史文化名城名勝古迹學術委員會委員、社會科學聯合會理事，原阜陽地區考古學會副會長，亳州市政協委員、文學藝術界聯合會名譽主席、博物館館長、名譽館長等。

曾獲獎勵：全國文物、博物館系統先進個人金質獎，安徽省社會科學優秀成果三等獎、考古學優秀成果三等獎、自然科學優秀論文獎、文物科研工作突出貢獻獎，原阜陽地區社會科學優秀成果一等獎，亳州市委、市人民政府授予的文學藝術工作特殊貢獻獎、突出貢獻特殊津貼等。

目　録

東漢時代的社會記憶（代序）

一

三朝帝都亳州，孕育了獨具風格的一方文化，養育了無數燦若星斗的風雲人物，遺下諸多文物古迹，其中最讓人津津樂道的莫過於東漢末年的曹操及其背後的家族軌迹。

在漫漫的歷史長河中，原亳州城南部及渦河以北形成了許多龐大的堌堆，這些堌堆蒙着厚厚的歷史塵埃和迷霧，後人不知道是甚麽朝代形成的，衹知道它們是古墓。在歷史演進的刀光劍影中，這些墓都遭受過人爲的破壞和盜掘。

20世紀70年代中期，全國開展的“農業學大寨”運動，極大地推動了農水建設。原亳縣農民在施工中漸次發現了一些文物遺迹，其中有被盜後的大堌堆，也有封土不存、深埋地下的磚室墓。爲了搶救文物，著名考古學家李燦帶着亳縣的一批考古工作者，在縣領導的支持下，對位處城郊的東漢古墓進行搶救性發掘。在三四年的時間裏，考古隊先後發掘了董園村1號、2號漢墓，元寶坑村1號漢墓，袁牌坊村1號、2號、3號漢墓和馬園村漢墓等數墓，先後出土銀縷玉衣、銅縷玉衣、象牙尺等珍貴文物，同時還意外出土了一批漢代字磚。

李燦帶着助手對發掘出土的文物進行細心的整理。使他感到驚訝的是，這些大墓原來都是曹操家的祖墳。通過考證出土文物和查閲《水經注》，特别是對字磚逐塊編序、記録、辨釋，知道了董園村1號墓是曹操父親曹嵩墓，2號墓是曹操祖父曹騰墓，馬園村墓是曹操長女曹憲墓。

國家文物局聞訊後，及時派了《文物》編輯部的專家來亳。現場勘察後，專家對此給予很高的評價，希望李燦趕時間寫出發掘報告並在《文物》特刊上發表，以紀念毛主席視察安徽二十周年。李燦先後撰寫了《亳縣曹操宗族墓葬》

《亳縣曹操宗族墓字磚與畫像石》，分别發表在1978年第8期《文物》月刊和1978年12月《文物資料叢刊》第二輯上。中國科學院歷史研究所田昌吾研究員撰寫的《讀曹操宗族墓磚刻辭》，也同時在《文物》上刊發。這些文章發表後，引起了全國轟動。“曹操宗族墓群”被評爲建國三十年重大考古發現。

如今，這批字磚的拓片，在塵封四十年後，由中華書局正式出版，這是亳州文化史上的一件盛事。這些字磚，蘊含資訊豐富，通過對其解讀，可以復原亳州當時的圖景，打開一扇管窺東漢時代的政治、經濟、文化之門。

二

華夏民族從商代開始，逐漸擺脱了結繩或畫圖記事的蒙昧時代，文明的曙光開始照進中原大地。

殷商民族把文字創造出來，刻在龜的腹甲上，叫甲骨文。後來這種文字進一步鑄在青銅器上面，我們叫它金文，或鐘鼎文。

到了周朝初期，文字仍以金文爲主，使用於貴族階層，難以普及。人們遂發明了用松煙做成黑墨、用狼或羊身上最好的毛做成的毛筆；又用竹子削成長條狀，一頭穿眼，用繩子連在一起，叫做竹簡。於是他們就用筆墨寫在竹簡上，是爲周朝流行的竹書。竹書字的書體叫大篆。

周朝是分封制，有一千八百餘國，分封的各國根據本國情况發展出自己的一套文字，所以各國文字既有相通的地方又存在差異。到了戰國時期，由於兼併，國家少了，但文字仍然是各寫各的，有明顯的地域差别。

秦始皇統一中國後，對各國的文字、貨幣、度量衡進行了統一，並統一了書寫方法。秦統一的文字叫小篆。現存世最早的小篆書體作品就是秦始皇登嶧山時，李斯爲其書寫的《嶧山碑》。

到了漢代，小篆的書寫方法已演變爲隸書，並稱爲漢隸。大約在西漢末至東漢初，隸書正式取代小篆成爲官方正體。這時的隸書，已不用竹簡書寫，而是寫在一種絲織的帛上，又稱爲帛書。既然兩漢時代書寫的是隸書，那麽真楷、行書、草書是甚麽時候形成的？它們的關係是甚麽？這些問題，史料没有相應的記載。

1964年，南京出土了東晋王興之等人的墓葬。王興之和王羲之是兄弟。時任中國科學院院長的郭沫若先生根據王興之墓志文字書體，寫了《由王謝墓志的出土論到蘭亭序的真僞》一文，發表於《文物》1965年第6期。郭文的意思，《蘭亭序》是東晉“書聖”王羲之所寫，王羲之與王興之是兄弟倆，而王興之墓志文字書體與王羲之《蘭亭序》之行書書體大不相同，因此推斷王羲之《蘭亭序》是後人僞作，從此引起了一場關於《蘭亭序》真僞的全國性學術辯論。這場大辯論時斷時續，延至1978年還没有結束。究其原因，是大家都不清楚真楷、行、草書體形成的時間，因此，誰也説服不了誰。

恰逢其時，亳縣曹操宗族墓出土了文字磚。磚墓有兩座，一是元寶坑村1號漢墓，墓主人係會稽郡守曹君，出土陰刻文字磚140塊，朱書字磚 6塊，合計146塊。二是董園村1號漢墓，墓主人係太尉曹嵩，出土字磚162塊，其中陽文印字磚88塊，印字相同，陰刻畫像磚1塊，餘爲陰刻文字磚。二墓合計字磚308塊，共有文字約一千三百字。觀察這批文字，含有隸書風格的有兩三個字、章草四字，其他均屬真楷、行書、草書和狂草。這批字磚實證了中國各種文字書體在東漢末期已經形成。可以説，曹操宗族墓字磚書體仿佛是各種文字的大會展，實在令人驚奇。

這批字磚的書寫時間，比東晋王羲之的《蘭亭序》要早一個半世紀。據此可以推斷王羲之所書行書是理所當然，不存在後人作僞的問題。正是亳州出土的字磚，佐證了王書《蘭亭序》的可能，彌補了史料的不足。

1983年，爲物探考古試驗，亳州發掘了曹四堌堆墓群最北的一個附屬小土包墓，定名爲曹四堌堆附屬1號漢墓。經考證，該墓是豫州刺史曹水的墓葬，發現字磚70塊。發掘報告發表在《考古》1988年第1期上。

出土字磚的曹墓除上述三墓外，相繼發現的還有張園村1號漢墓，出土字磚25塊；袁牌坊村2號、3號漢墓，出土字磚15塊；白果樹村漢墓，出土字磚15塊。上述文字没有公開發表。這三墓均屬曹操宗族墓，但墓主人名字不詳。三墓出土字磚共55塊。

截至目前，曹操宗族墓共出土字磚433塊，也就是本書所載的字磚圖録總數。

需要向讀者説明的是，有的字磚多面刻字，拓片自然就增多，然編號仍按一塊字磚計算，如董園村1號墓出土陽文印字磚88塊，但印字相同，故編號相同。

至於未發掘的曹氏宗族墓還有没有字磚，有多少，目前是個謎，等待後人來解開。

三

東漢時期，亳州譙城屬沛國譙郡，又是豫州刺史治所，世家大族很多。那時譙城有三大望族，即曹氏族、夏侯氏族、華氏族。曹氏族中以魏武帝曹操稱著，夏侯氏族有夏侯惇、夏侯淵，華氏族以華佗最爲傑出。

亳州譙城渦河北岸約五里範圍内，是當時譙城三大家族之一的夏侯氏墓葬區，原來也有很多大大小小的堌堆。由於歷代黄河泛濫淤湮，有些堌堆被湮於地下，還有一些微露出地面。目前，已發現或發掘的有四座墓。

城北五里汪張村1號漢墓，是周圍的群衆深翻土地時發現的。該墓出土字磚共88塊，墓主人不詳，但1號字磚刻有“沛相長史叩頭”，從中推測該墓主人很可能是沛相國。

渦河北岸原亳縣化肥廠在擴建成玻璃廠挖地基時，發現了一座夏侯氏族墓，共出土字磚33塊，1號、2號字磚上均有“沛國”字樣。

劉花園村墓，是農民在疏浚一條小河時發現的。村民先後發現四座堌堆狀夏侯氏墓葬。其中，有三座位處河道的邊緣，疏通小河與墓無妨，故没有發掘。唯劉花園村的一座，位於小河道中心，且破壞嚴重，經發掘僅發現字磚五塊。

以上四座夏侯氏墓共出土字磚126塊（其中豐水源1號墓未出土字磚），因其與曹操宗族墓同期，且又是譙城三大望族之一，所以將所出126塊字磚作爲本書附録，併刊於後。

四

曹氏宗族墓群到底多大？據考證，它北到護城河，南到曹四堌堆，西到小劉莊南，東到白果樹，大約九平方公里。

曹氏宗族墓群，總墓數在四十座左右。現已發掘的有董園1號墓（曹嵩墓）、董園2號墓（曹騰墓）、馬園2號墓（曹操長女曹憲墓）、元寶坑1號墓（曹庖墓，未見經傳）、曹四堌堆附屬1號墓（曹水墓，未見傳記）、袁牌坊3號漢墓和張園1號漢墓（墓主人身份不詳，曹氏族人）等。尚未發掘的，除埋藏地下的以外，還有曹氏公園内的觀音山堌堆、薛家堌堆等。曹氏宗族墓群出土的珍貴文物有銀縷玉衣、銅縷玉衣、青銅器、陶瓷器以及刻有各種字體的漢磚四百餘塊等。

出土的文字是漢末社會生活的活化石，可以從社會、經濟、文化、藝術、民俗、語言、外交等不同視角加以深入研究。可以説，這是難得的寶藏，每個字磚後面，都有豐富的故事。

“有倭人以時盟不（否）”，這塊字磚，反映了中、日之間的經濟、文化交往，曾引起日本國的震動，日本學者還專程對此進行考察。後來，日本的學術機構曾邀李燦先生前往，就此問題進行交流探討。這個磚是誰刻寫的？做磚的工匠是誰，倭人亦或監製磚的工頭？目前難以確認。這句話反映的是倭國内部大亂後的結盟，還是僑居亳州的倭人與地方上某一團體的結盟，還是曹魏對倭國動亂的調停？這些推測均有合理的成分，一時難有定論。李燦等學者更傾向於後一種解讀。

遺憾的是，調停的過程、結盟的具體條款内容，限於磚文字數，没有記載下來。當然也不排除還有刻寫的磚文深埋在地下的某個地方，衹是暫時没有發現而已。

元寶坑出土的字磚裹刻有“蒼天乃死”。這塊字磚已被國家博物館作爲一級文物調走收藏。“蒼天乃死”是太平道鼓動民衆造反的口號。太平道創始人張角，以行醫治病爲幌子，在河北省興教傳道，徒衆漸漸增多，並在底層暗中傳播“蒼天乃死，黄天當立，歲在甲子，天下大吉”的讖語，於公元184年，發動了黄巾軍起義。這次起義雖被鎮壓，却引發了漢末軍閥割據、三國争雄的戰亂局面。墓磚中的“建寧三”“四月四”爲年月，以此推斷墓的建造時間應爲公元170年4月。這説明太平道教徒及傳教活動，當時已在民衆當中盛傳。豫州（亳）是太平道的重點活動地域，造磚工人中已有不少信奉太平道的教徒。

2009年，河南公佈在安陽發現了“曹操墓”，並舉行了新聞發佈會。李燦從大墓年代不超過西晋、曹操無“魏武王”封號、形制不是漢墓、曹操遺囑陵墓地理位置不應是西高穴等方面予以駁斥。李老針對歷史上曹操墓“河北臨漳説”“河南安陽説”“河南許昌説”等版本，從古老的習俗及葉落歸根的思想，推測“曹操的墓有可能在亳州”。他的這一提法，語出驚人。他説：“暫時没有直接的考證，但我的推斷是有依據的。”至於曹操墓在哪裹、是否是民間傳説的觀音山，這將是一個等待證實的考古界“哥德巴赫”猜想。

是爲序。

亳州市委副秘書長、市直工委書記　李景彪

2014年仲夏

凡　例

本書收録安徽省亳州市曹操宗族墓和夏侯氏墓出土字磚的拓片及研究文章。茲將相關情况説明如下：

一、字磚來源：本書所收字磚出自亳州曹操宗族墓群和夏侯氏墓群，其中曹操宗族墓群包括漢墓七座，分别爲元寶坑村1號東漢墓，董園村1號東漢墓，曹四堌堆1號東漢墓，張園村1號東漢墓，袁牌坊村2號、3號東漢墓，白果樹村1號東漢墓；夏侯氏墓葬群包括漢墓三座，分别爲汪張村1號東漢墓，化肥廠1號東漢墓，劉花園村東漢墓。以上諸墓字磚，除元寶坑村1號東漢墓出土的32號字磚收藏在中國國家博物館外，其他均由安徽省亳州市博物館收藏。

二、字磚數量：元寶坑村1號東漢墓字磚146塊，其中陰文刻字磚140塊、朱書字磚6塊；董園村1號東漢墓字磚162塊，其中陽文字磚1塊、畫像磚1塊、陰文刻字磚160塊；曹四堌堆1號東漢墓字磚70塊；張園村1號東漢墓字磚25塊；袁牌坊2號、3號東漢墓字磚15塊；白果樹村1號東漢墓字磚15塊，其中畫像磚1塊；汪張村1號東漢墓字磚88塊；化肥廠1號東漢墓字磚33塊；劉花園村東漢墓字磚5塊。

三、磚型尺寸：本書收録字磚的磚型、大小因墓而異，現詳列於下。正文中只著録磚型，具體尺寸則不再著録。同時，部分字磚圖片經過了等比例縮放處理，並非原大，字磚的實際大小以此説明爲準。

1. 元寶坑村1號東漢墓：

大楔形磚：長36.5釐米、上寬21釐米、下寬16釐米、厚6.5釐米。

小楔形磚：長29.5釐米、上寬14.5釐米、下寬10.5釐米、厚5.5釐米。

大長條磚：長30.5釐米、寬14.5釐米、厚5.5釐米。

小長條磚：長20釐米、寬14釐米、厚5釐米。

2. 董園村1號東漢墓：

大楔形磚：長37.8釐米、上寬18釐米、下寬12.2釐米、厚5.8釐米。

小楔形磚：長31.3釐米、上寬15釐米、下寬12.2釐米、厚5.8釐米。

小長條磚：長24.2釐米、寬12釐米、厚4.5釐米。

3. 曹四堌堆1號東漢墓：

楔形磚Ⅰ型：長36.4釐米、上寬19釐米、下寬14.5釐米、厚5.6釐米。

楔形磚Ⅱ型：長35.8釐米、上寬19釐米、下寬12.3釐米、厚5.6釐米。

大長條磚：長37.5釐米、寬19.5釐米、厚6.6釐米。

中長條磚：長30釐米、寬15釐米、厚5.6釐米。

小長條磚：長24.6釐米、寬12釐米、厚4.9釐米。

4. 張園村1號東漢墓：

中長條磚：長28釐米、寬14釐米、厚5.5釐米。

小長條磚：長24釐米、寬12釐米、厚4.5釐米。

5. 袁牌坊村2號、3號東漢墓：

中長條磚：長30釐米、寬15釐米、厚5.5釐米。

小長條磚：長24釐米、寬12釐米、厚4.5釐米。

6. 白果樹村1號東漢墓：

中長條磚：長30釐米、寬15釐米、厚5.5釐米。

小長條磚：長24.5釐米、寬12.2釐米、厚4.5釐米。

7. 汪張村1號東漢墓：

長條磚：長24.6釐米、寬12釐米、厚4.9釐米。

8. 化肥廠1號東漢墓：

中長條磚：長29釐米、寬14釐米、厚5.5釐米。

小長條磚：長27釐米、寬13.5釐米、厚5釐米。

9. 劉花園村東漢墓：

中長條磚：長29釐米、寬14釐米、厚5.5釐米。

小長條磚：長27釐米、寬13.5釐米、厚5釐米。

四、字磚編號：本書所收字磚按墓單獨編號。若一塊字磚多面有文字，則編號爲×××-1號、×××-2號，依此類推。如元寶坑村093號字磚，繩紋面和背平面均有文字，則編爲093-1號、093-2號。

五、字磚命名：字磚由本書編者統一命名，一般取其釋文首起幾字，亦或根據釋文提取其中能表明該字磚主要特征、文意的文字作爲磚名。

六、發表情况：本書收録的字磚有部分已經發表，具體爲元寶坑村1號東漢墓146塊（《文物資料叢刊》第二輯）、董園村1號東漢墓156塊（《文物資料叢刊》第二輯）、曹四堌堆1號東漢墓19塊（《考古》1988年第1期），具體的發表情况詳見正文著録。

七、著録信息：正文中隨字磚拓片著録字磚信息，一般包括字磚編號、磚名、説明性文字（磚型、文字位置、行數字數）、釋文、發表情况，無相關項則缺省不録。

八、釋文説明：字磚釋文原則上依原字形著録，凡古字、俗字、别字、異體字等，一般改爲通行繁體字，規範簡體字照録。凡字迹磨滅、殘泐不識者，能確定字數的每字用“□”標示，不能確定字數的用“……”標示。一字多釋者，用“（）”標示。有疑問者，於釋文後加“（？）”。所有釋文均不標點。

九、其他説明：

1. 元寶坑村1號東漢墓出土朱書字磚六塊，編號爲141—146號，本書所收是編者據字磚文字摹寫。

2. 本書所涉及的部分漢墓除出土字磚外，尚有少量畫像磚，均隨字磚一併收入。

3. 曹操祖父曹騰墓畫像石刻、曹操長女曹憲印信作爲本書附録一，編者撰寫的論文作爲本書附録二。

十、字磚由亳州市博物館謝書壁、侯勇、孫勝利等同志協助拓褾，特致謝忱。

第一篇　曹操宗族墓字磚與文釋

一、元寶坑村1號東漢墓

001號　會磚

大長條磚，磚存上半部，字在繩紋面，豎寫1行，2字。

會稽

載：《文物》1978年8期；《文物》1980年7期；《中國歷史博物館館刊》1981年3期。

002號　会稽磚

大長條磚，字在側面，竪寫1行，4字。

会稽曹君

載：《文物》1978年8期；《光明日報》1979年2月7日；《江淮論壇》1979年1期；《文物》1980年7期；《中國歷史博物館館刊》1981年3期；《中原文物》1984年1期；劉漢屏《論蘭亭書體》，中州書畫社，1982年；王學仲《書法舉要》，天津人民美術出版社，1981年；《中國書法大全》卷九《秦漢金文陶文》，北京榮寶齋，1992年。

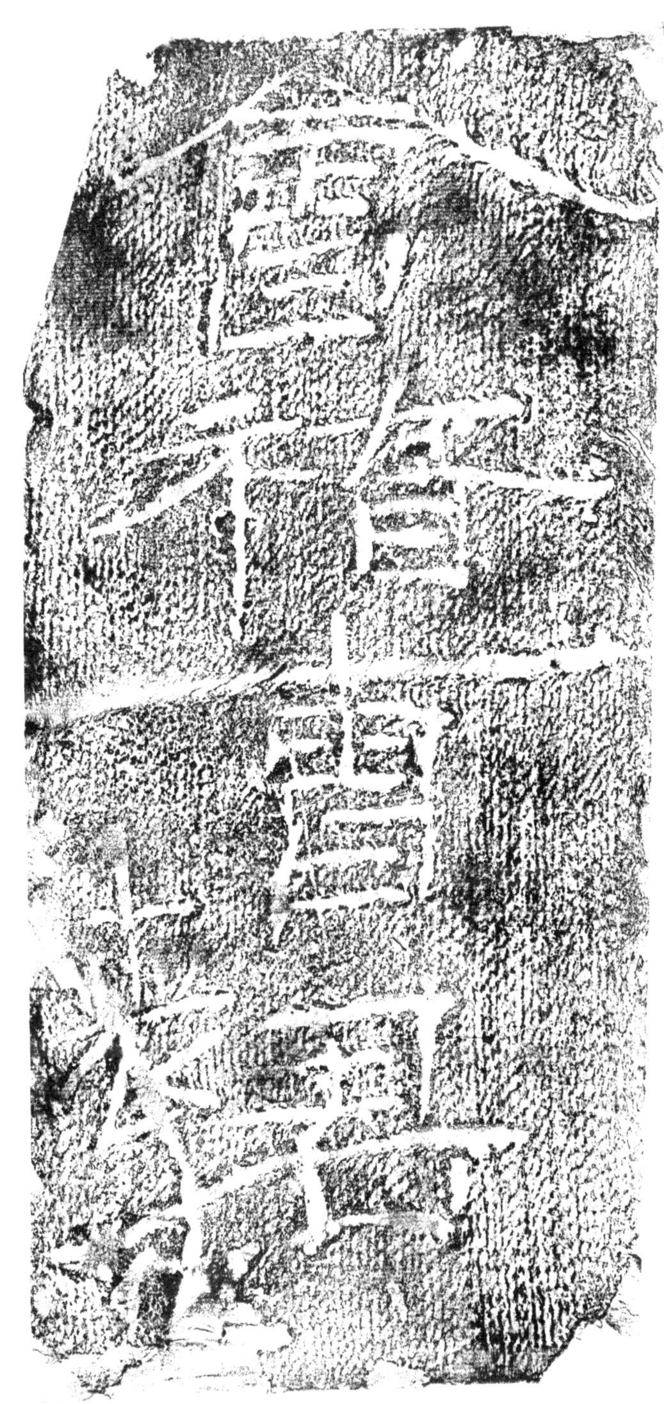

003號　會稽曹君磚

大長條磚，字在繩紋面，竪寫2行，6字。

會稽曹君喪軀

載：《文物》1978年8期；《文物》1980年7期；《中國歷史博物館館刊》1981年3期。

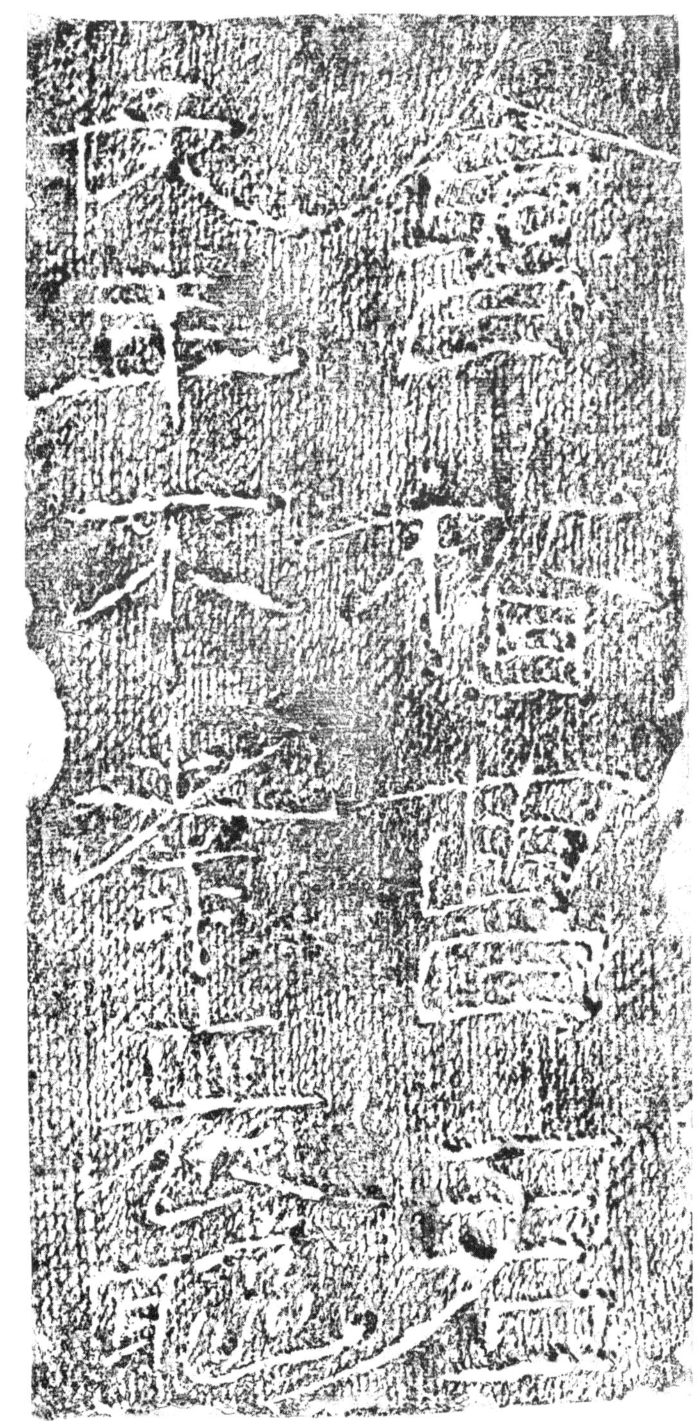

004號　天年不幸磚

大長條磚，字在繩紋面，竪寫2行，10字。

會稽曹君天年不幸喪軀

載：《文物》1978年8期；《中國歷史博物館館刊》1981年3期；《文物》1981年12期。

005號　棄離帷幄磚

大長條磚，字在繩紋面，竪寫2行，9字。

念會稽府君棄離帷屋（幄）

載：《文物》1978年8期；《文物》1980年7期；《中國歷史博物館館刊》1981年3期；《中原文物》1984年1期。

006號　會稽明府磚

大長條磚，字在繩紋面，竪寫2行，11字。

會稽明府早棄春秋不竟世

載：《文物》1978年8期；《文物》1980年7期；《中國歷史博物館館刊》1981年3期；《中原文物》1984年1期；《中國書法大全》卷九《秦漢金文陶文》，北京榮寶齋，1992年。

007號　會磚

大長條磚，磚上、下部分殘缺，字在繩紋面，竪寫1行，2字。

會稽

008號　稽留磚

大長條磚，磚下部殘缺，字在繩紋面，竪寫2行，存5字。

稽留□左君

009號　建寧磚

磚型不明，僅殘存右上角,字在背平面，竪寫2行，存6字。

四月四建寧三

載：《文物》1978年8期；《文物》1980年7期；《歷史與人物》，日本中央公論社，1981年12月；《中原文物》1984年1期；日本《文化年報》1984年3月。

010號　曹騰磚

大長條磚，字在繩紋面，竪寫2行，11字。

比美詩之此爲曹騰字季興

載：《文物》1978年8期；《文物》1980年7期；《中國歷史博物館館刊》1981年3期。

011號　曹褒磚

大長條磚，下部殘缺，字在繩紋面，竪寫2行，5字。

故穎川曹褒

載：《文物》1978年8期；《文物》1980年7期；《中國歷史博物館館刊》1981年3期。

012號　曹熾磚

大長條磚，字在繩紋面，竪寫2行，9字。

長水校尉曹熾字元盛

載：《文物》1978年8期；《文物》1980年7期；《中國歷史博物館館刊》1981年3期。

013號　故長水校尉磚

大長條磚，字在繩紋面，竪寫2行，9字。

故長水校尉沛國譙熾

載：《文物》1978年8期；《中國歷史博物館館刊》1981年3期。

014號　叙嘆之磚

大長條磚，字在繩紋面、竪寫2行，15字。

叙嘆之高世威威德之堂堂（棠）爲漢所熾

載：《文物》1978年8期；《文物》1980年7期；《文物》1981年12期；《中國書法大全》卷九《秦漢金文陶文》，北京榮寶齋，1992年。

015號　河間磚

大長條磚，字在繩紋面右側，竪寫1行，4字。

河間明府

載：《文物》1978年8期。

016號　曹鼎磚

大長條磚，字在繩紋面，竪寫2行，9字。

吴郡太守曹鼎字景節

載：《文物》1978年8期；《文物》1980年7期。

017號　曹勳磚

大長條磚，字在繩紋面，竪寫2行，10字。

山陽太守曹勳遭疾不豫

載：《文物》1978年8期；《文物》1980年7期。

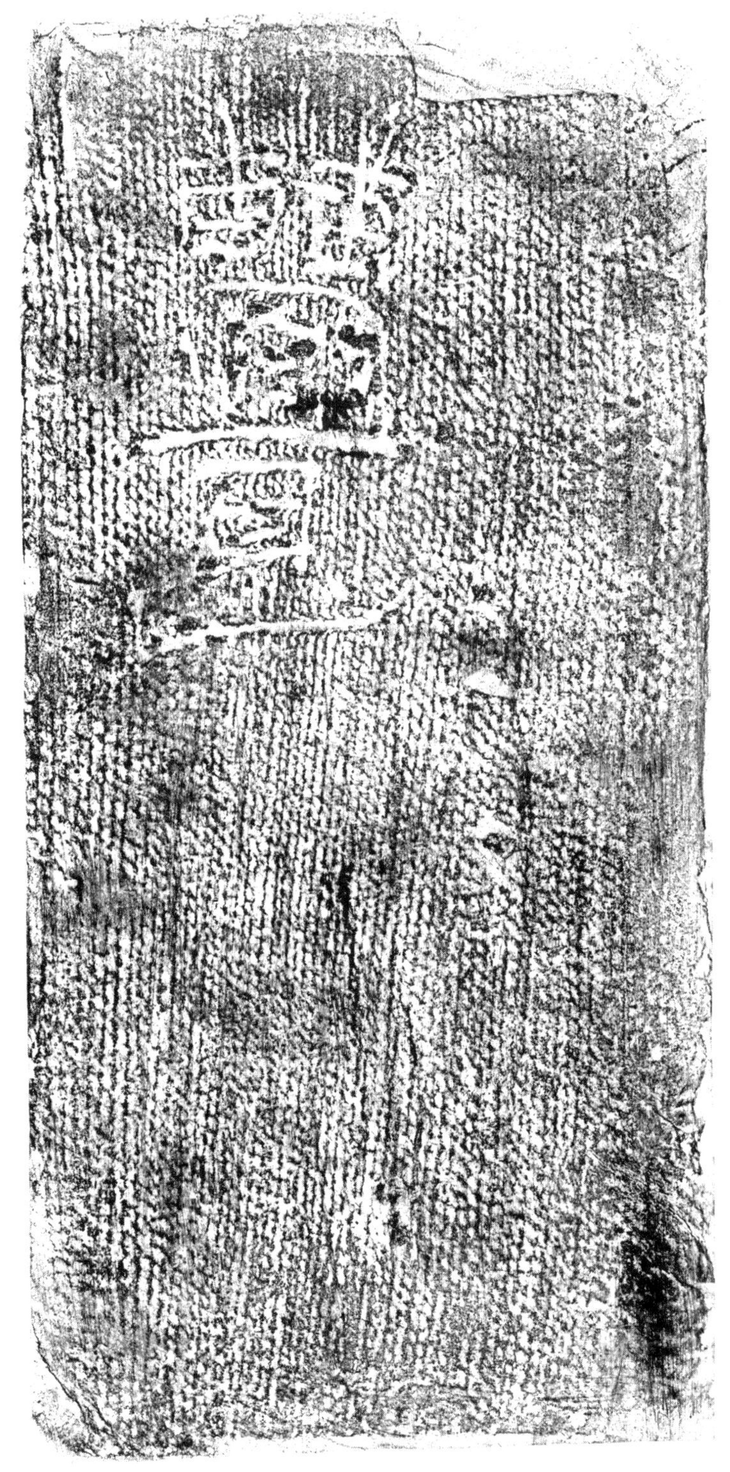

018號　曹画磚

大長條磚，字在繩紋面上部，2字。

曹画

019號　曹侯女孝磚

大長條磚，字在繩紋面，竪寫2行，10字。

丁掾永豪致獨曹侯女孝

載：《文物》1978年8期；《文物》1980年7期；《文物》1981年12期；《歷史與人物》，日本中央公論社，1981年12月；《中原文物》1984年1月。

020號　曹鸞磚

大楔形磚，大頭朝上，上殘。字在繩紋面，竪寫2行，6字。

郡太字譙曹鸞

載：《文物》1978年8期。

021號　牛頭磚

大楔形磚，大頭朝上，字在繩紋面，豎寫1行，5字。

牛頭也曹□

載：《文物》1978年8期。

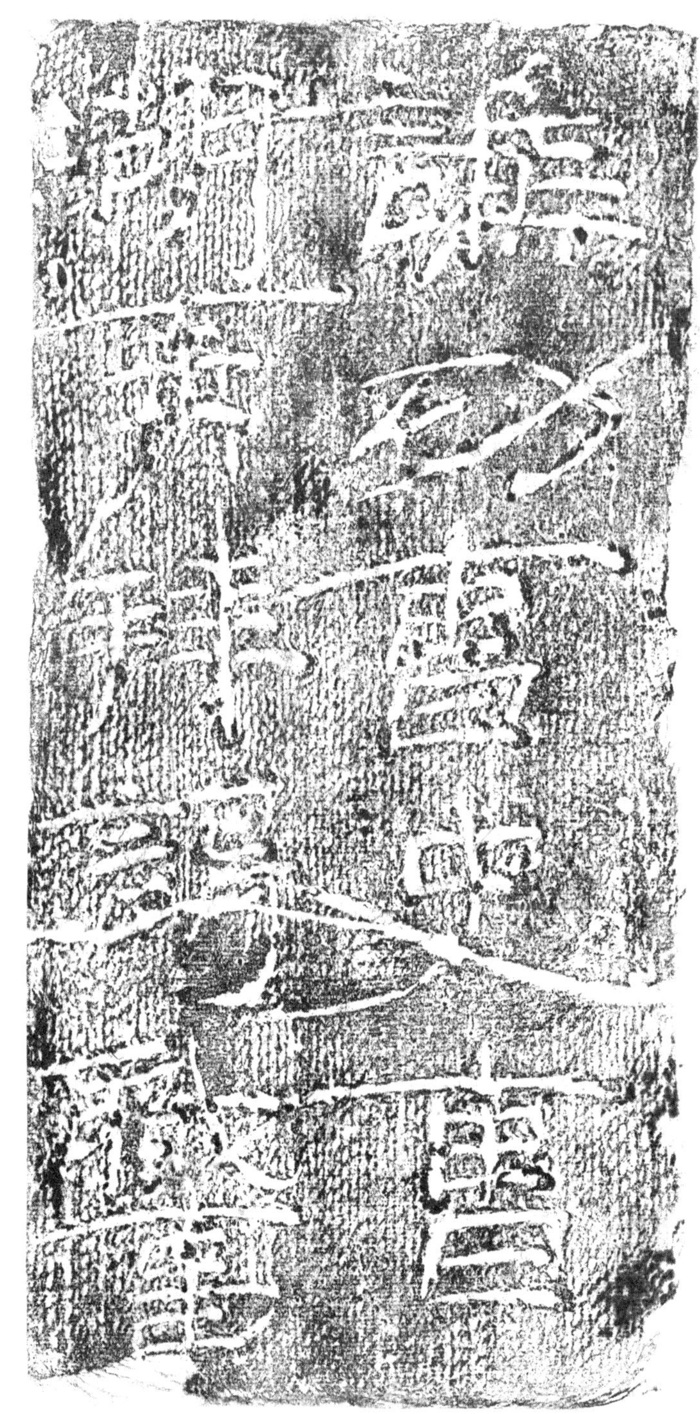

022號　曹湖磚

大長條磚，字在繩紋面，竪寫2行，11字。

譙功曹史曹湖再拜謁職事

載：《中原文物》1984年1期。

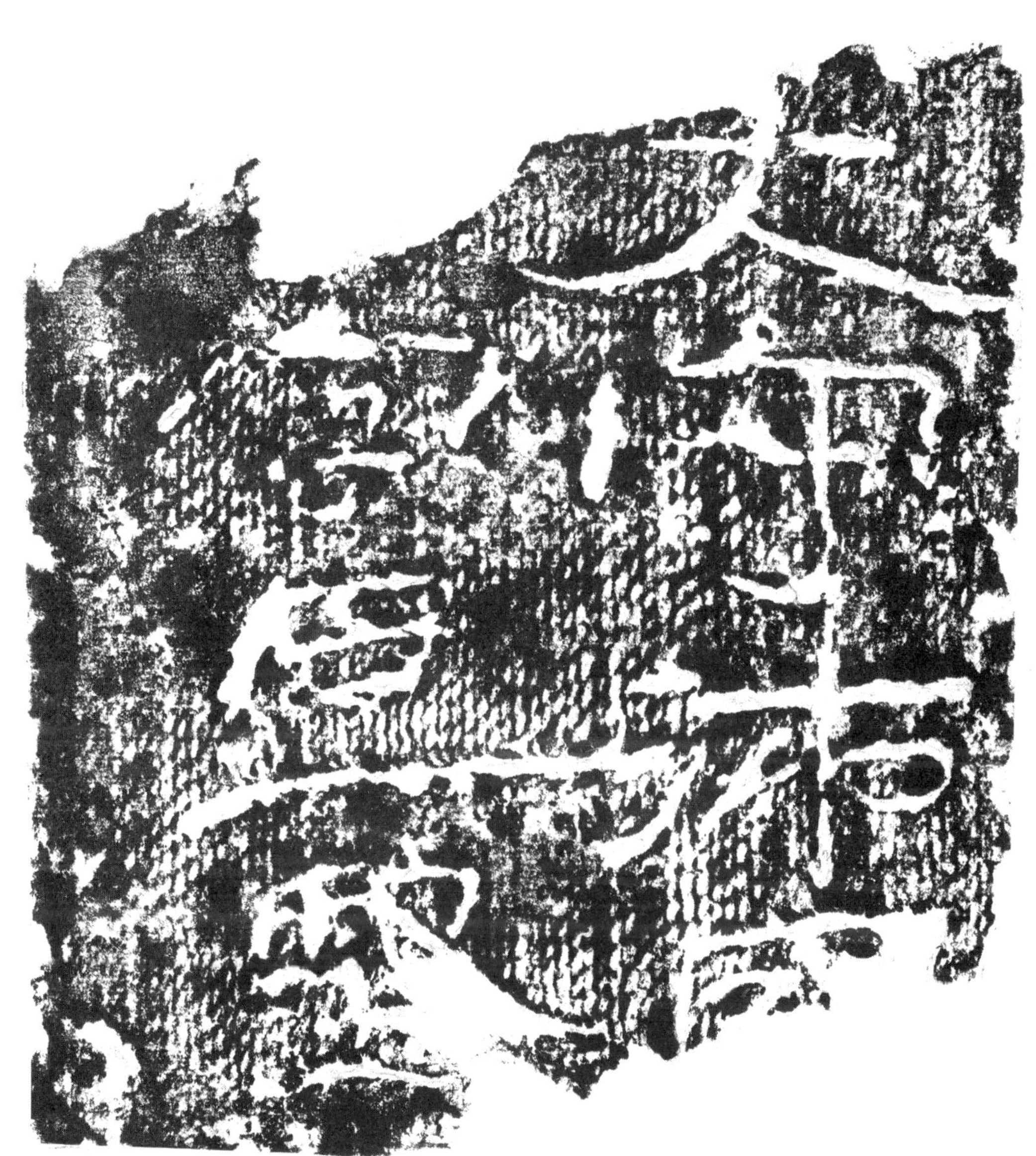

023號　太守磚

大長條磚，兩頭殘缺，字在繩紋面，竪寫2行，存6字。

太守沛國字巨堅

載：《文物》1980年7月。

024號　沛相磚

大長條磚，僅存右上角部分，字在繩紋面竪寫1行，存3字。

沛相□

載：《文物》1980年7期。

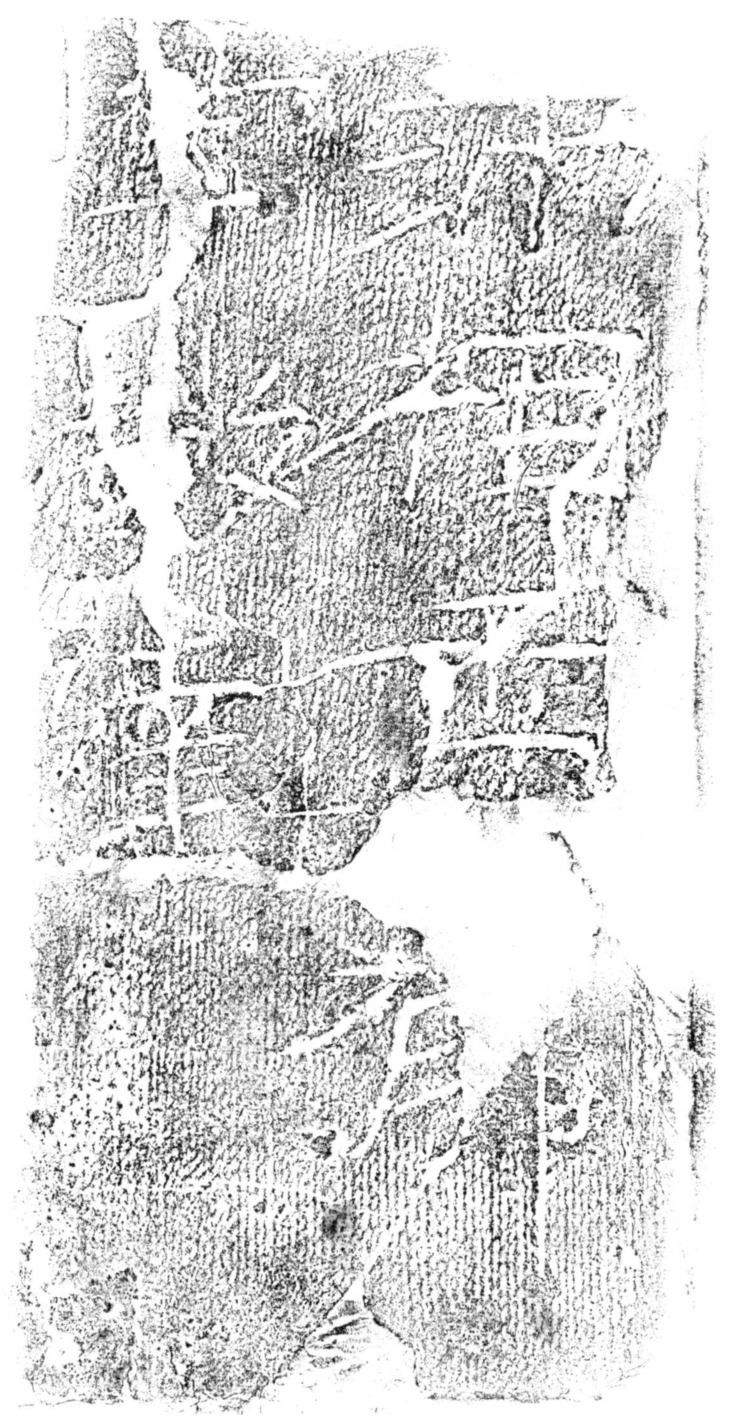

025號　盂郁磚

大長條磚，碎裂，字在繩紋面，竪寫2行，7字。

沛相盂郁字敬達

載：《文物》1980年7期。

026號　譙令磚

大長條磚，字在繩紋面，竪寫2行，9字。

譙令中山盧□敦享□

載：《文物》1980年7期。

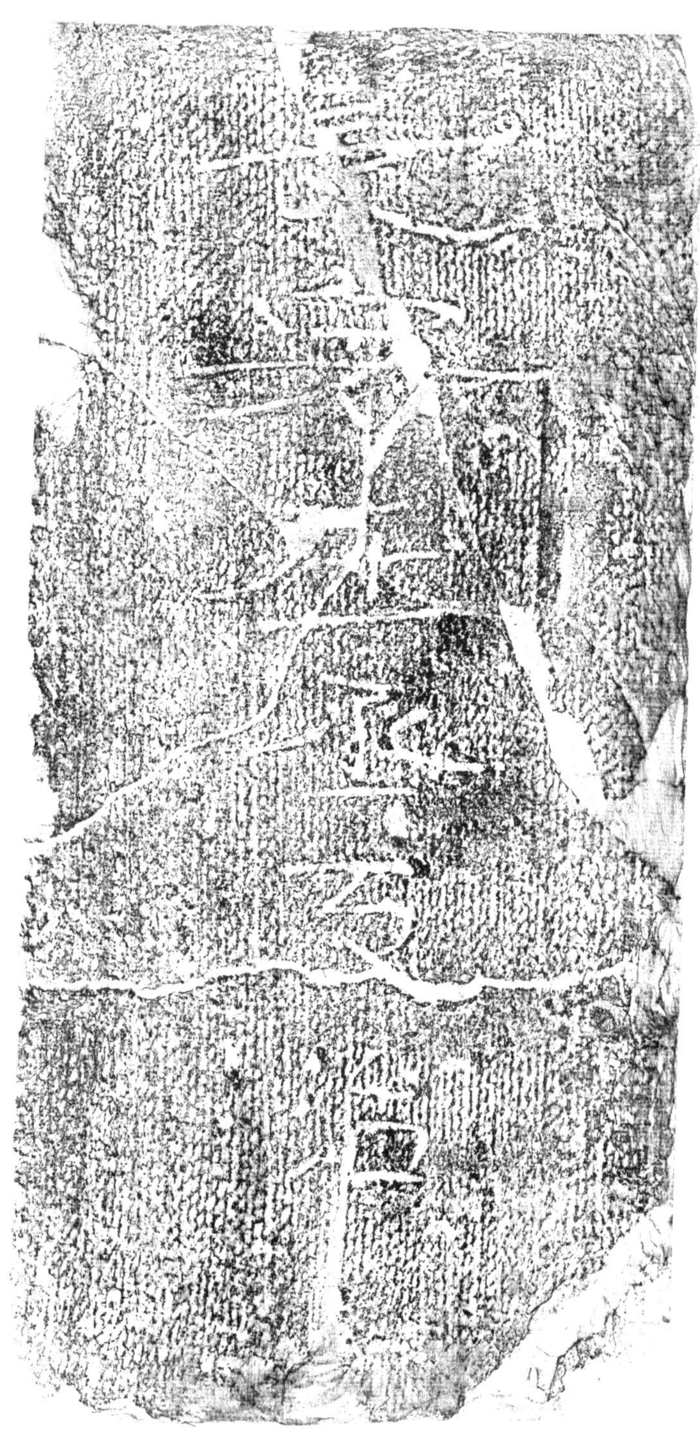

027號　長安磚

大長條磚，字在繩紋面，竪寫1行，6字。

長安左丞丏治

載：《文物》1980年7期。

028號　夏侯磚

大長條磚，字在繩紋面，竪寫1行，3字。

夏侯右

載：《中原文物》1984年1月。

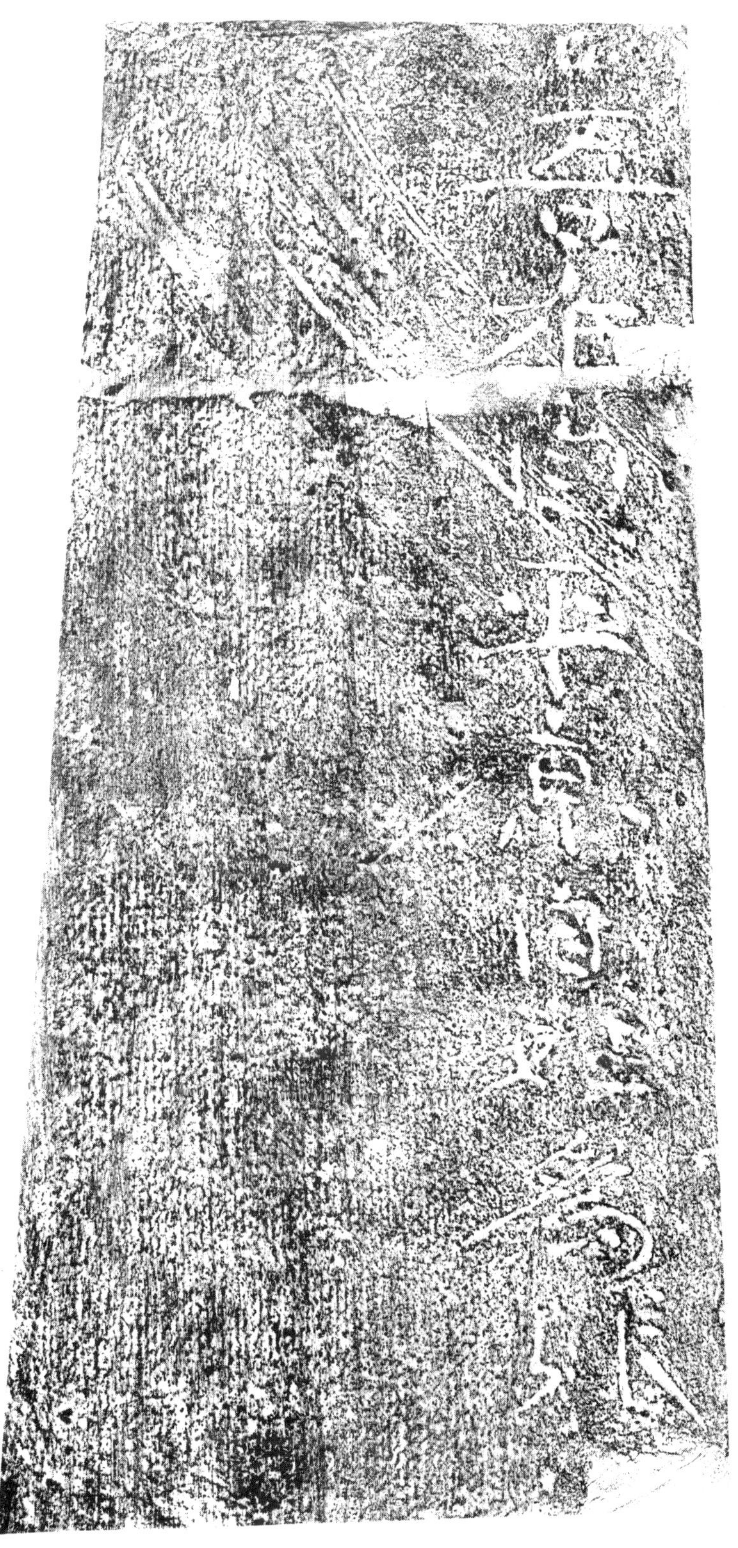

029號　平原磚

大楔形磚，大頭朝下，字在繩紋面，竪寫1行，9字。

吾本自平原自姓爲張

載：《文物》1978年8期；《江淮論壇》1979年1期；《中原文物》1984年1期。

030號　五言詩磚

大楔形磚，字在繩紋面，大頭朝下，竪寫4行，27字。

歲不得階人謂壁作樂作壁正獨苦却來却行壁反是怒皇天壁長契

載：《文物》1978年8期；《文物》1980年7期；《歷史與人物》，日本中央公論社，1981年12月。

031號　頊不相見磚

大長條磚，字在繩紋面，竪寫1行，4字。

頊不相見

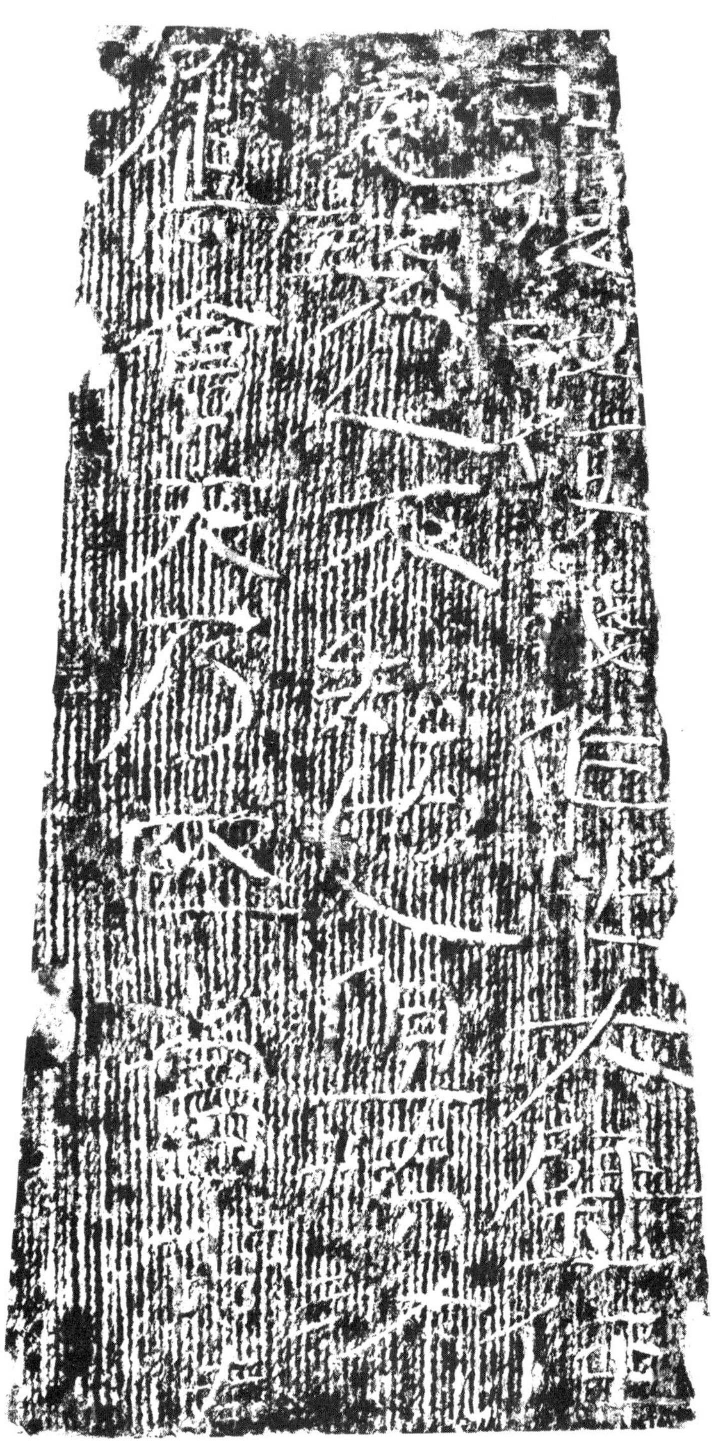

032號　蒼天乃死磚

大楔形磚，小頭朝上，字在繩紋面，豎寫3行，27字。

王複汝使我作此大壁僅冤我人不知也但挦汝屬倉天乃死當□□

載：《江淮論壇》1979年1期；《文物》1978年8期；《文物》1980年7期；日本《古代史研究》1980年6月；孫祚民主編、孟祥才著《中國農民戰爭史》（秦漢卷），湖北人民出版社，1989年。

033號　蜩蝗磚

大楔形磚，小頭朝上，字在繩紋面，竪寫1行，9字。

蜩蝗所中不得自廢也

載：《文物》1978年8期。

034號　當奈何磚

大長條磚，字在繩紋面，竪寫1行，3字。

當奈何

載：《光明日報》1979年2月7日；《江淮論壇》1979年1期；《中原文物》1984年1期；王學仲著《書法舉要》，天津人民美術出版社，1981年；劉漢屏著《論蘭亭書體》，中州書畫社，1982年；《中國書法大全》卷九《秦漢金文陶文》，北京榮寶齋，1992年。

035號　掩辛磚

大長條磚，字在繩紋面，竪寫2行，11字。

掩辛間五内若傷何所感起

載：《文物》1978年8期；《文物》1980年7期。

036號　曹忠（嵩）磚

小長條磚，字在繩紋面，竪寫2行，9字。

贊費亭侯曹忠字巨高

載：《文物》1980年7期；《中國歷史博物館館刊》1981年3期；《文物》1981年12期。

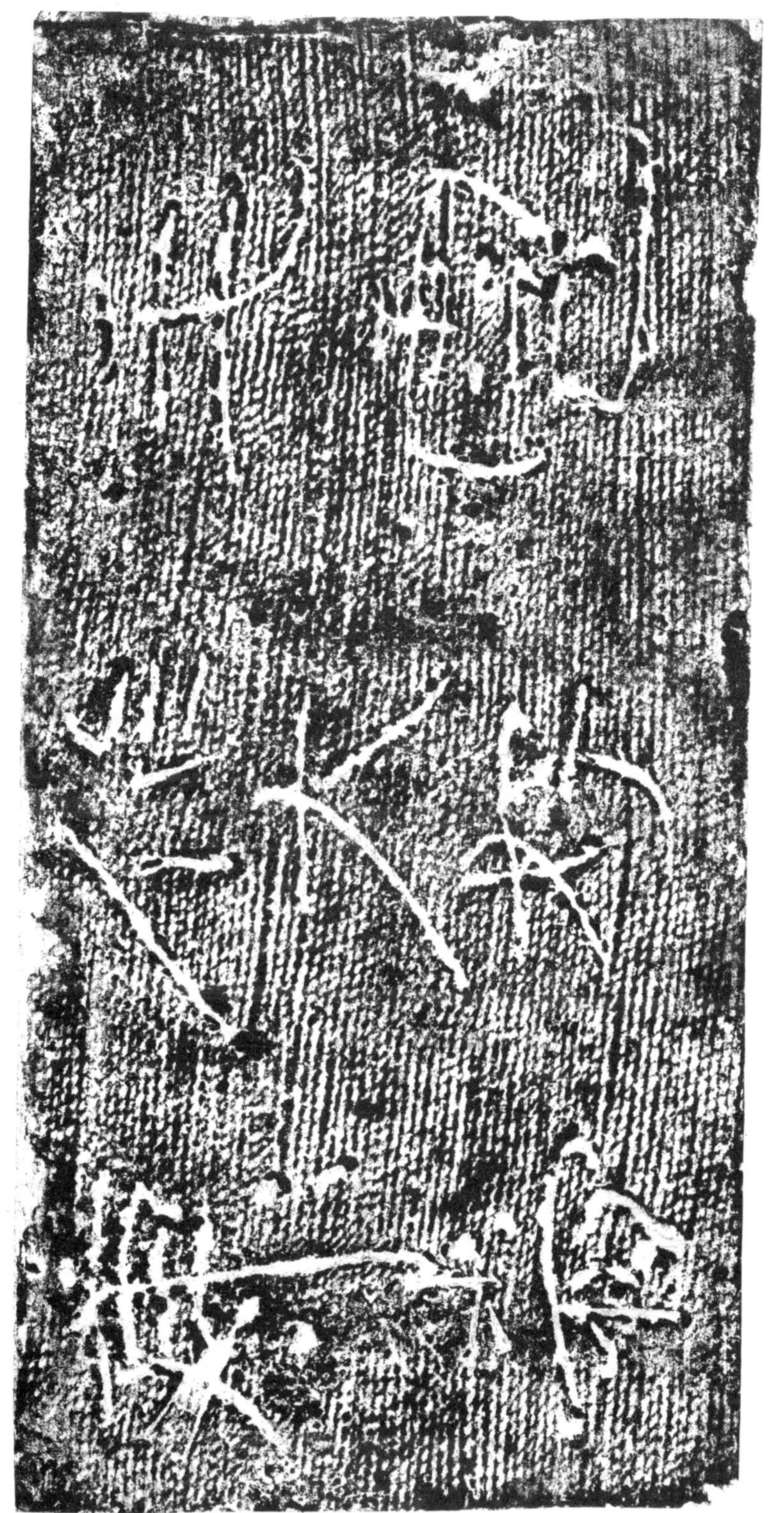

037號　毛雹作磚

大長條磚，字在繩紋面，横磚竪寫3行，7字。

毛雹作大好康當

載：《文物》1980年7期。

038號　乃至逮没磚

大長條磚，字在繩紋面，竪寫3行，16字。

乃至逮没君小人當即蹟（跪）踋（倒）親拜喪原均

載：《文物》1978年8期；《文物》1980年7期。

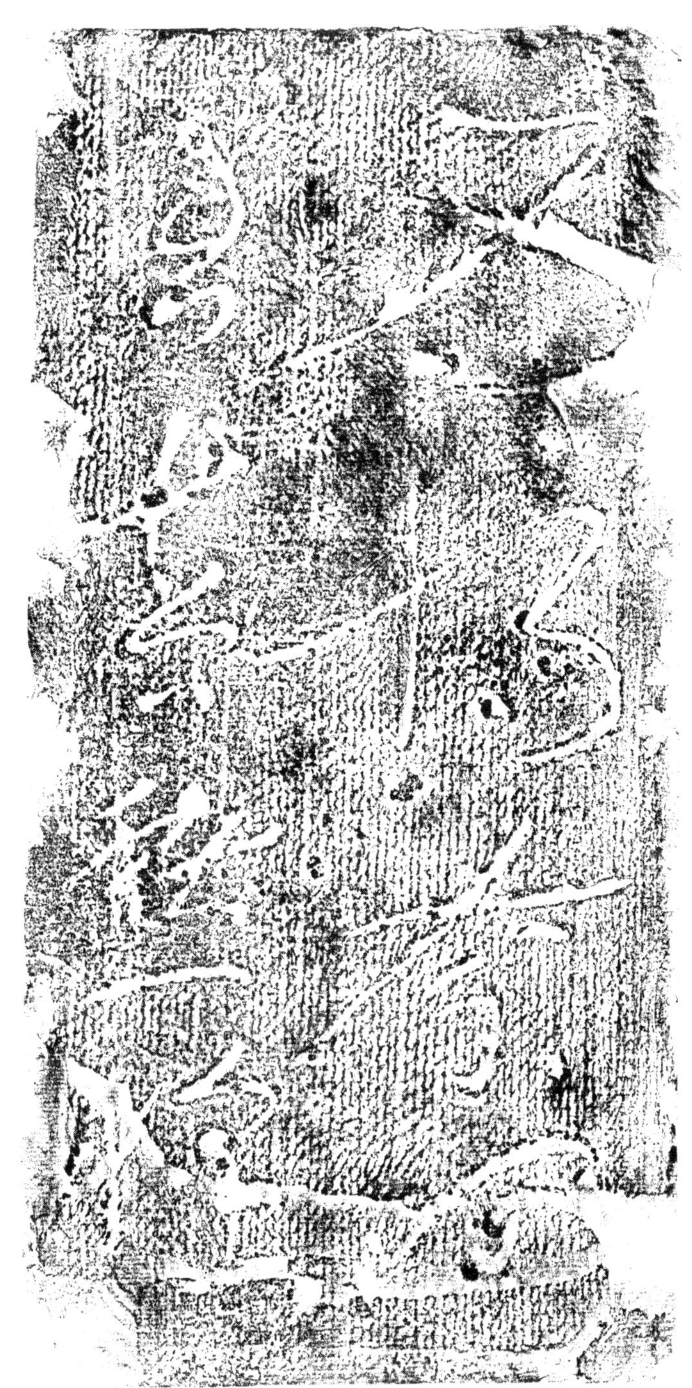

039號　为將奈何磚

大長條磚，字在繩紋面，竪寫2行，8字。

为將奈何吾真愁懷

載：《光明日報》1979年2月7日；《江淮論壇》1979年1期；《中原文物》1984年1期；王學仲著《書法舉要》，天津人民美術出版社，1981年；劉漢屏著《論蘭亭書體》，中州書畫社，1982年；《中國書法大全》卷九《秦漢金文陶文》，北京榮寶齋，1992年。

040號　辰示磚

大長條磚，字在繩紋面，竪寫2行，6字。

辰示爲保温潤

041號　爲蒙恩將報磚

大長條磚，字在繩紋面，竪寫3行，14字。

爲了素矢梨文爲蒙恩將報□□接

載：《中國書法大全》卷九《秦漢金文陶文》，北京榮寶齋，1992年。

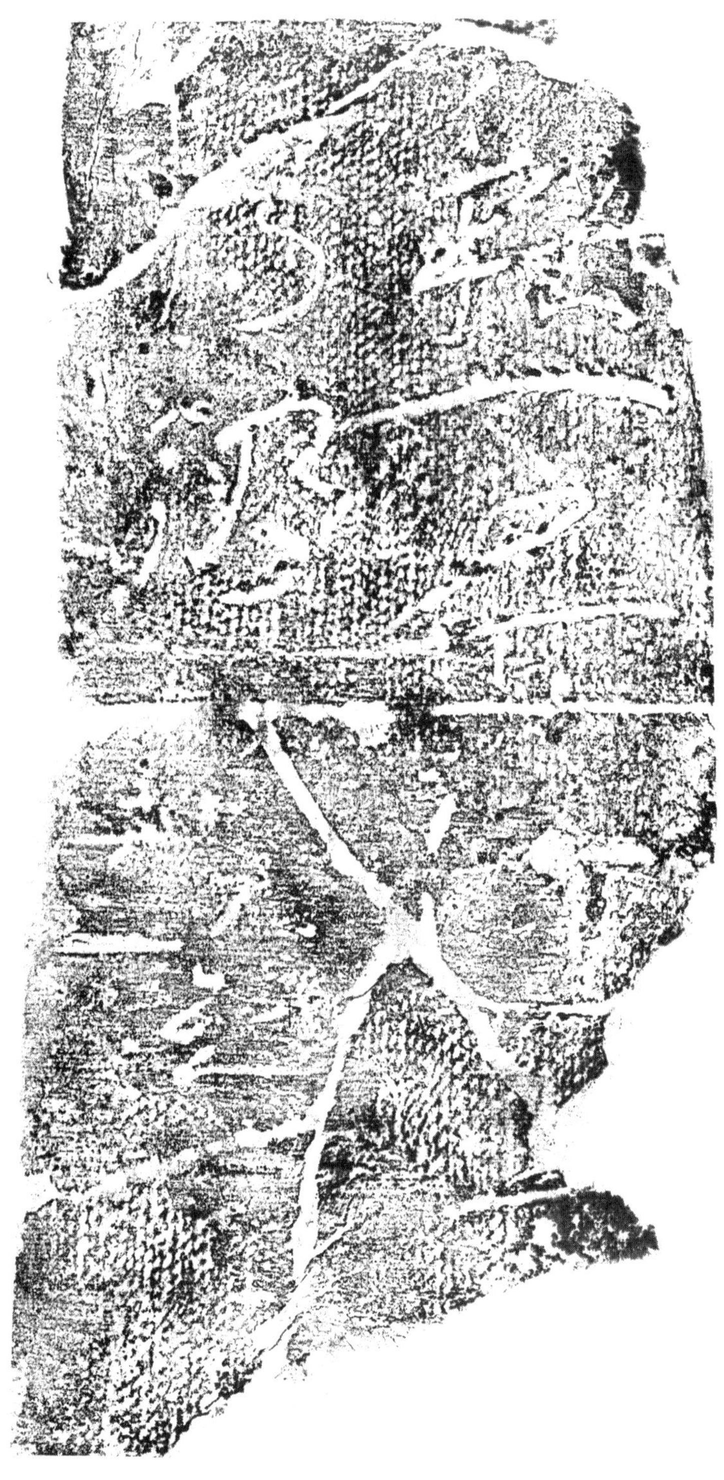

042號　愁户磚

大長條磚，字在繩紋面，竪寫2行，9字。

愁户□□扬汲□□□

043號　會稽太守磚

小長條磚，字在繩紋面，竪寫1行，7字。

會稽太守字□□

044號　曹庖磚

大長條磚，磚上下均殘，字在側面，竪寫1行，存5字。

稽君曹庖□

045號　沽酒磚

大長條磚，字在繩紋面，竪寫1行，5字。

沽酒各半各

046號　倪郎磚

大長條磚，字在磚横頭，斜寫2字。

倪郎

047號　文學磚

大長條磚，字在磚橫頭，竪寫1行，2字。

文學

048號　文磚

大長條磚，字在磚横頭，竪寫1字。

文

049號　毛雹可磚

大長條磚，字在磚側面，竪寫1行，5字。

毛雹可作也

050號　隶磚（一）

大長條磚，字在磚側面，1字。

隶

051號　買汝作壁磚

大長條磚，字在磚側面，竪寫1行，6字。

買汝作壁可嘗

載：《江淮論壇》1979年1期；《中原文物》1984年1期；《歷史與人物》，日本中央公論社，1981年12月。

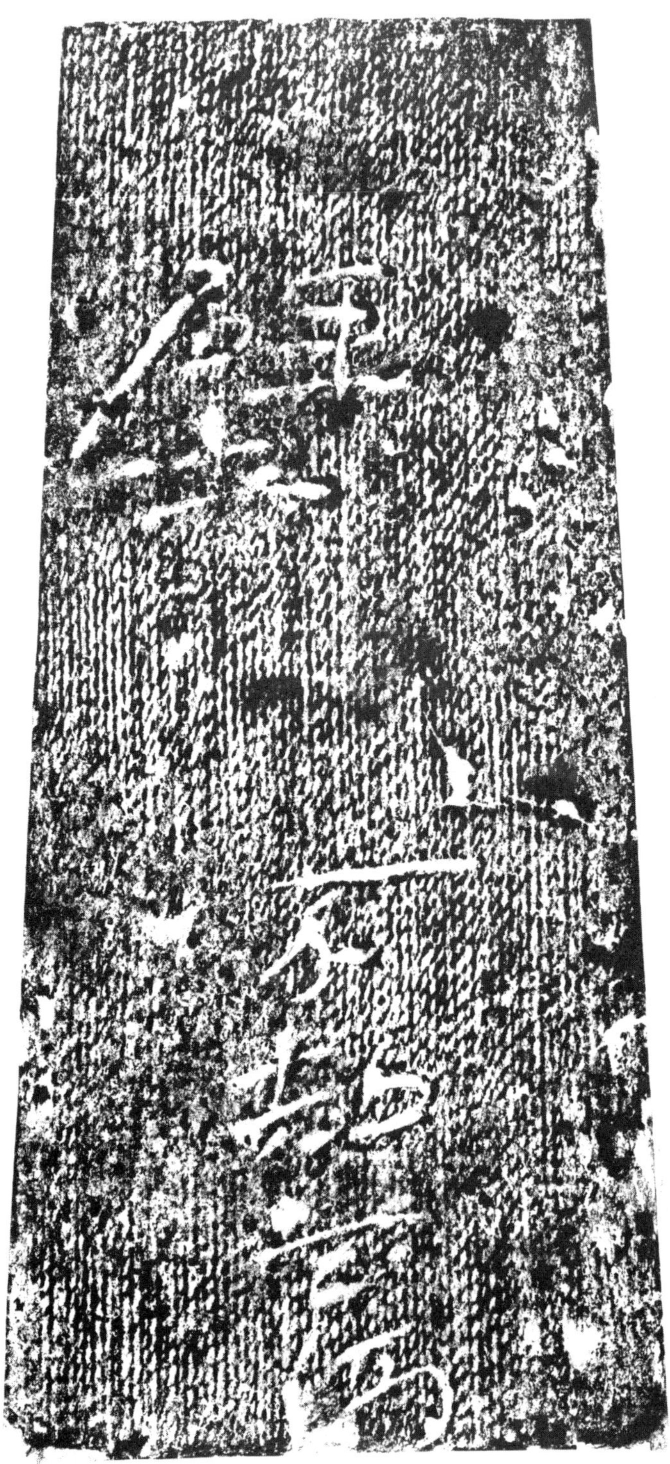

052號　壁磚

小楔形磚，小頭朝上，字在繩紋面，竪寫1行，5字。

壁不知□何

053號　如此磚

大楔形磚，小頭朝上，上部殘，字在背平面，竪寫1行，3字。

當如此

054號　乃磚

大長條磚，殘存四分之一，字在繩紋面，存1字。

乃

055號　武達磚

大長條磚，字在磚側面，竪寫1行，3字。

字武達

載：《文物》1978年8期；《文物》1980年7期。

056號　陳元磚

大長條磚，字在磚側面，竪寫1行，4字。

陳元坦再

057號　陳環白磚

大長條磚，字在繩紋面，豎寫1行，3字。

陳環白

058號　張寧磚

大長條磚，字在繩紋面，竪寫3字。

弓張寧

059號　作此大壁磚（丁永豪磚）

大長條磚，字在磚側面，竪寫1行，10字。

作此大壁者丁永豪故核

載：《文物》1978年8期；《文物》1980年7期；《中國歷史博物館館刊》1981年3期；《文物》1981年12期；《中國書法大全》卷九《秦漢金文陶文》，北京榮寶齋，1992年。

060號　了忽焉磚

大長條磚，字在磚側面，竪寫1行，3字。

了忽焉

載：《中國書法大全》卷九《秦漢金文陶文》，北京榮寶齋，1992年。

061號　寫進遺緣磚

大長條磚，字在磚側面，豎寫1行，4字。

寫進遺緣

載：《中國書法大全》卷九《秦漢金文陶文》，北京榮寶齋，1992年。

062號　無想磚

大長條磚，字在磚側面，竪寫1行，6字。

無想俱然之夅

載：《中國書法大全》卷九《秦漢金文陶文》，北京榮寶齋，1992年。

063號　比若磚

大長條磚，下部殘，字在繩紋面，竪寫1行，3字。

比若相

064號　小知磚

大楔形磚，字在大横頭，竪寫1行，4字。

小知貴知

065號　茂誠磚

大楔形磚，小頭朝上，字在繩紋面，竪寫1行，2字。

茂誠

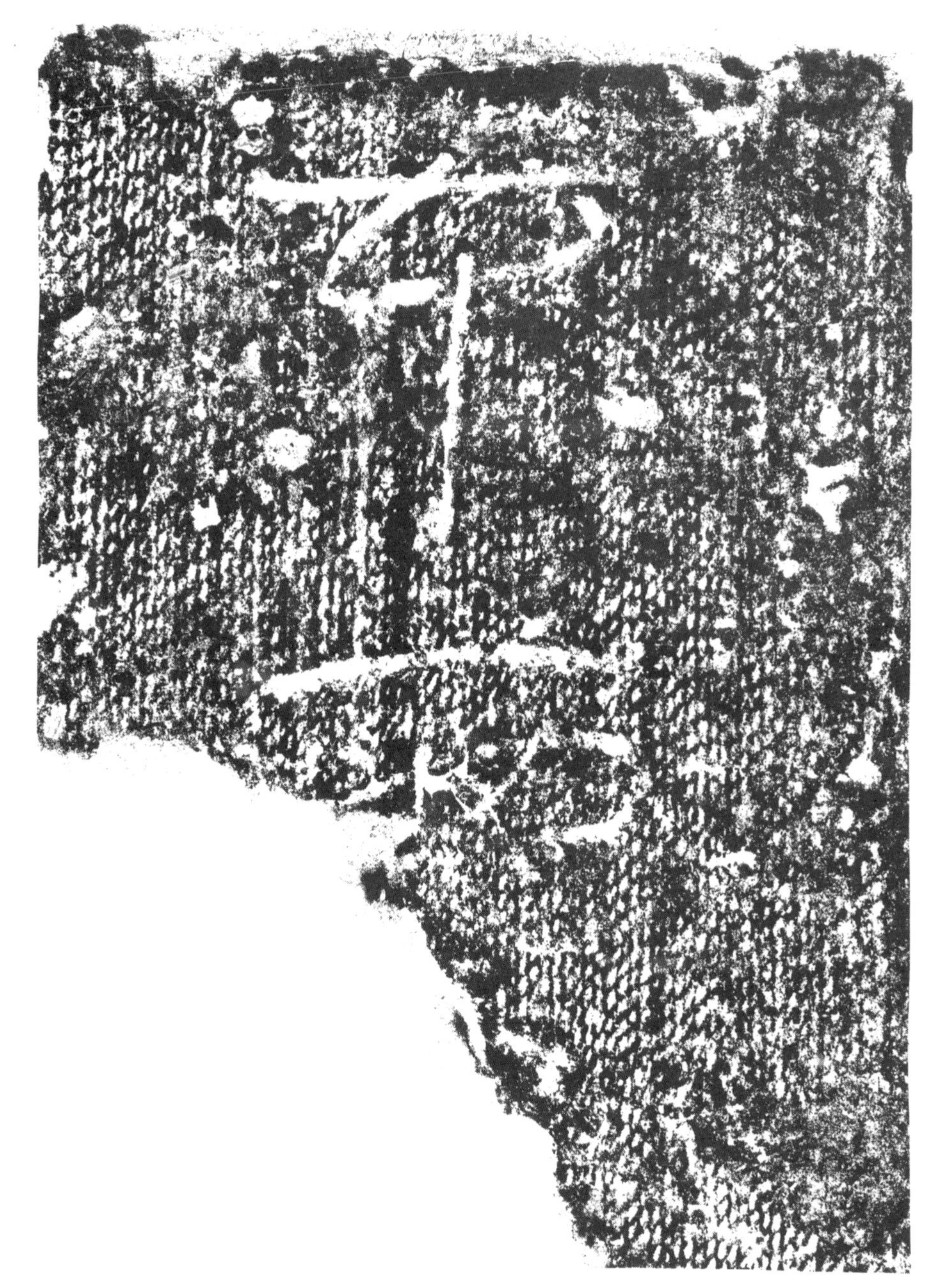

066號　东西磚

大長條磚，下部殘，字在繩紋面，竪寫1行，2字。

东西

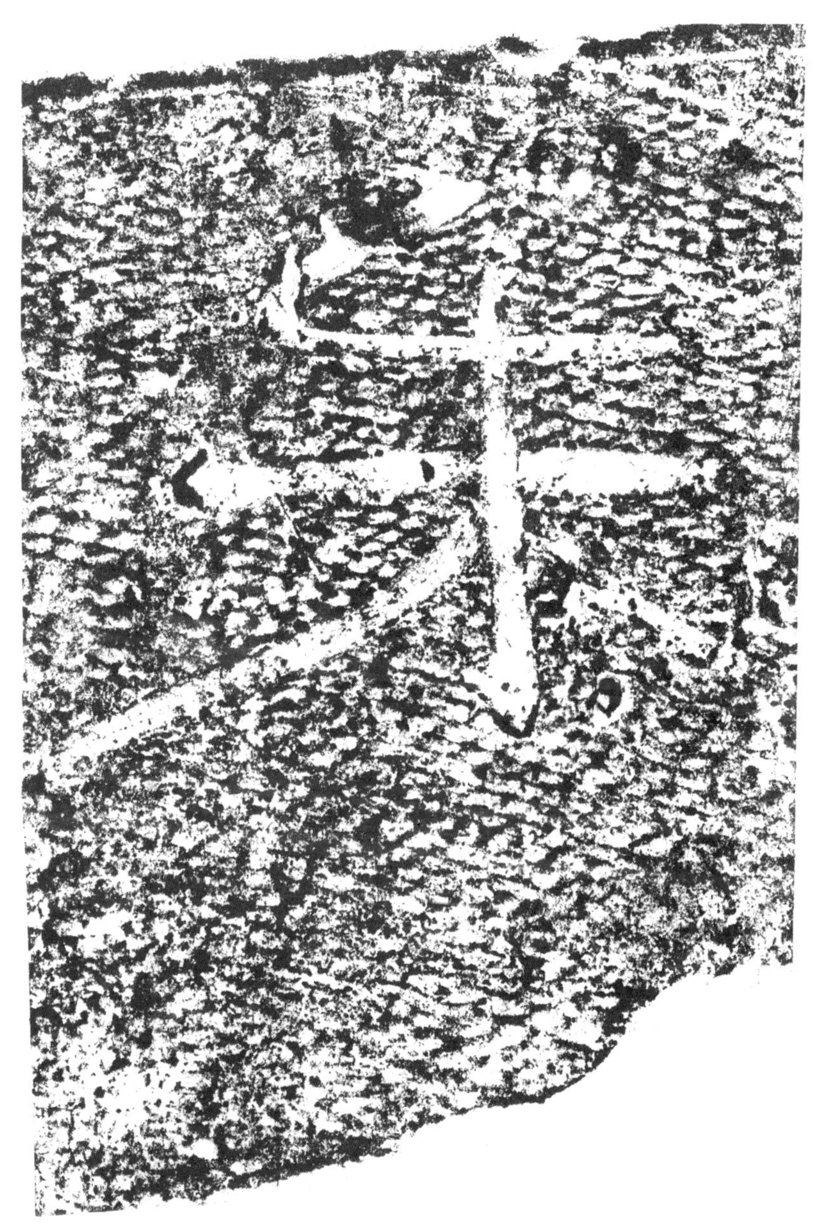

067號　朱磚

大長條磚，下部殘，字在繩紋面，1字。

朱

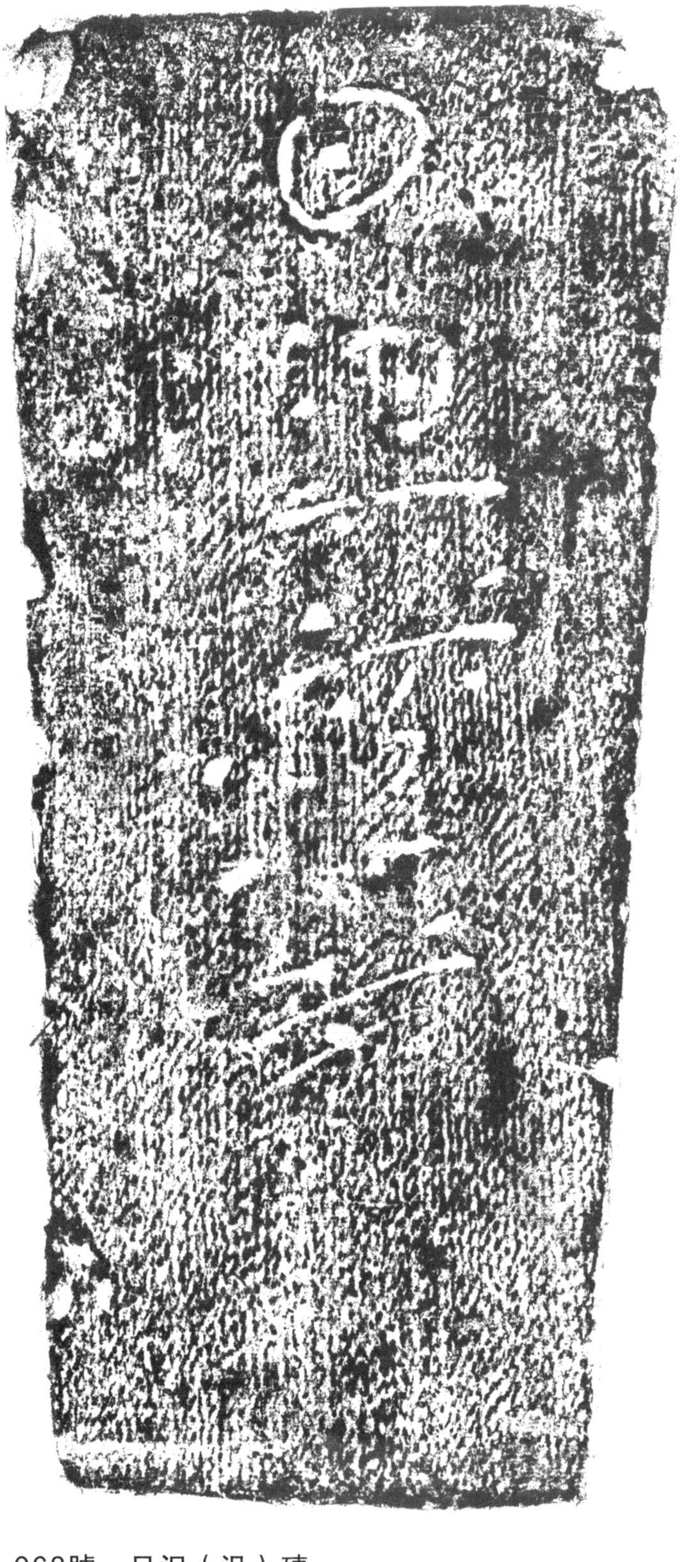

068號　日汩（沮）磚

小楔形磚，大頭朝上，字在繩紋面，竪寫1行，4字。

日汩（沮）芜芜

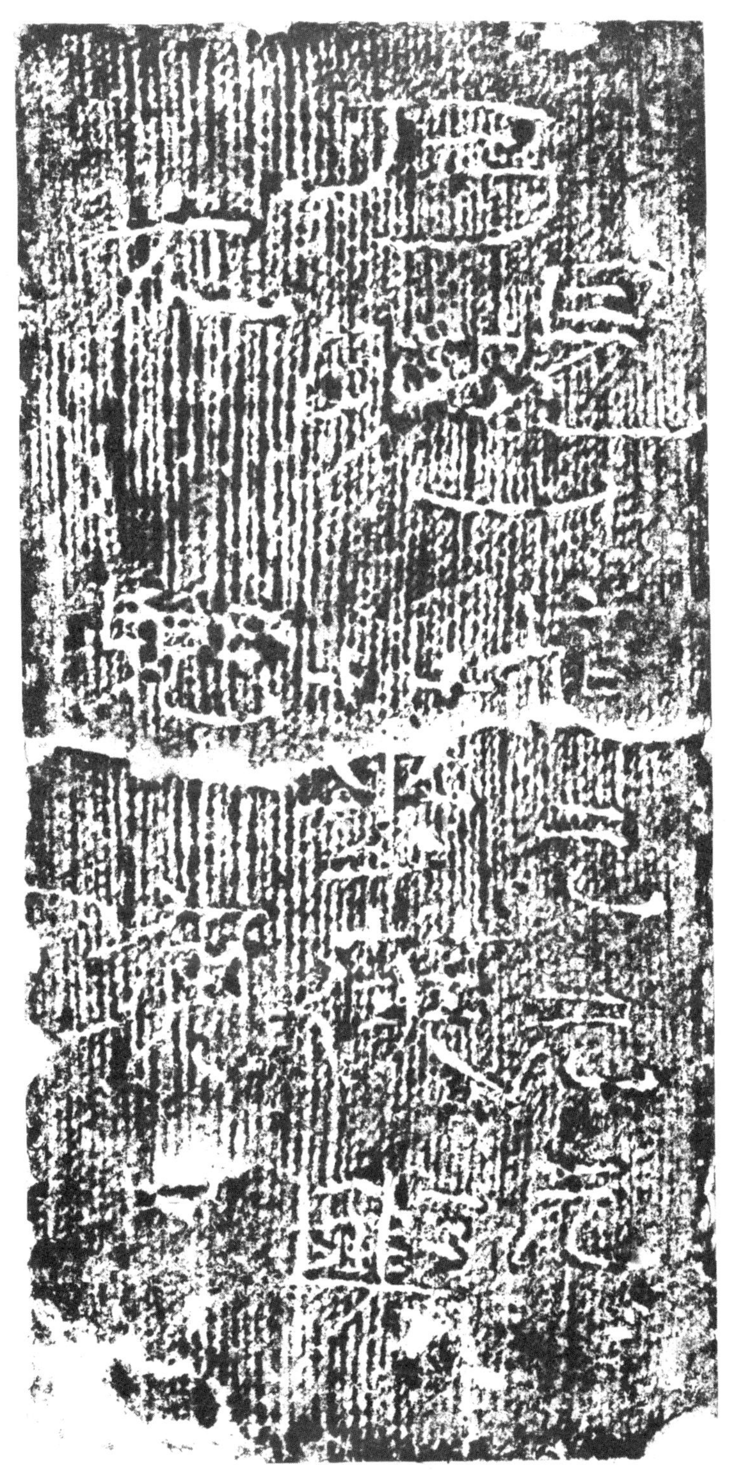

069號　見䢜磚

大長條磚，字在繩紋面，竪寫3行，13字。

見䢜元元元乃兜菜俠輿元兜□

070號　此二人磚

大長條磚，上下均殘，字在繩紋面，豎寫2行，存7字。

□上老此二人者□

071號　屶磚

大長條磚，上下均殘，字在繩紋面，竪寫3行，存7字。

屶□恩文明省□

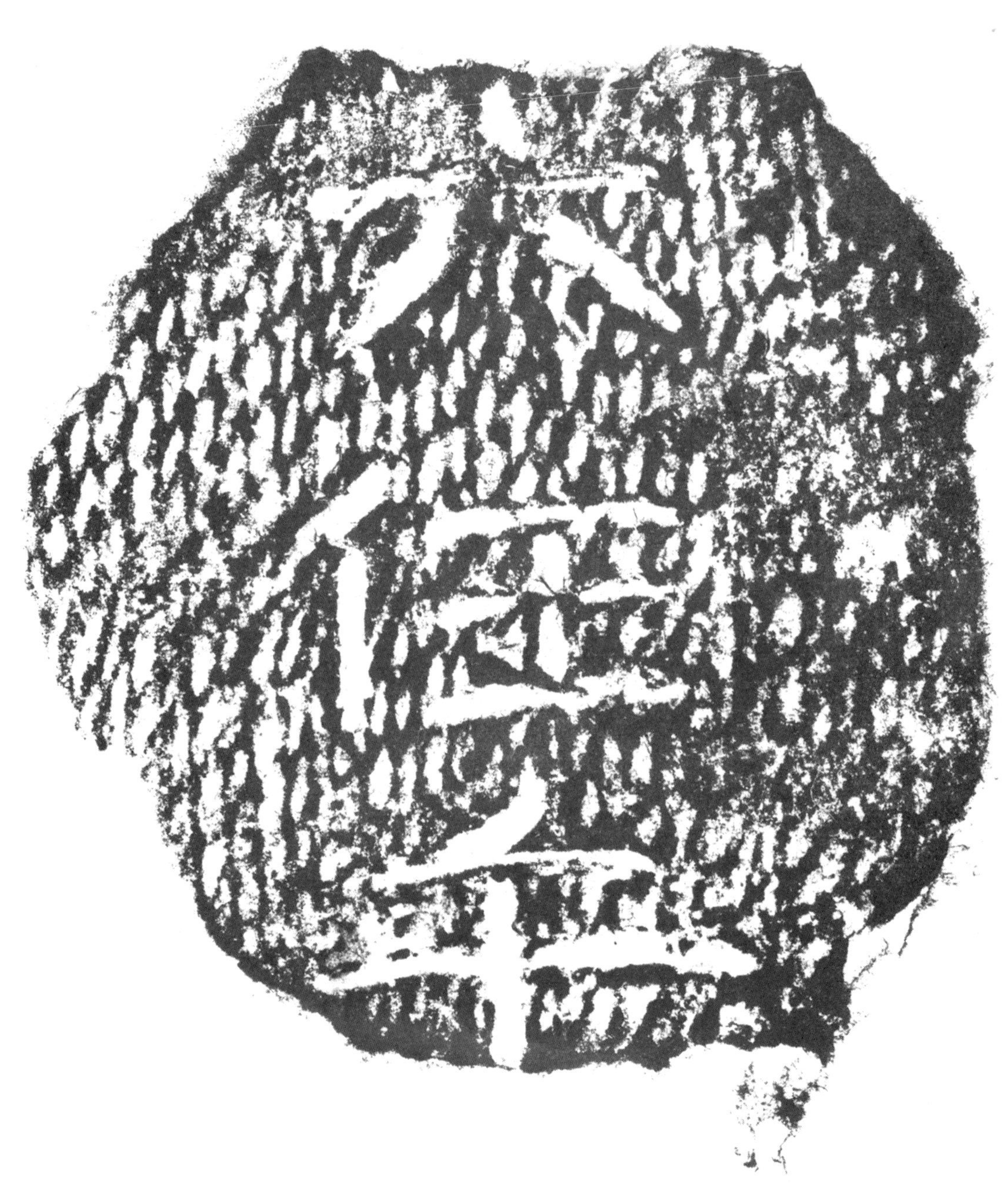

072號　六任磚

大長條磚，殘缺大部，字在繩紋面，竪寫1行，3字。

六任午

載：《歷史與人物》，日本中央公論社，1981年12月；《漢師學報》1984年1期。

073號　争炎湯磚

小楔形磚，大頭朝上，下部殘，字在繩紋面，竪寫2行，8字。

争炎湯□爲引发□

074號　倭人字磚

大楔形磚，小頭朝上，殘存右下角一部分，中間斷裂，字在繩紋面，竪寫1行，7字。

有倭人以时盟不

載：《江淮論壇》1980年4期；《文物》1980年7期；《文物》1981年12期；《漢師學報》1984年1期；日本《朝日新聞》1979年12月9日夕刊；日本《考古學期刊》191期；《歷史與人物》，日本中央公論社，1981年12月；日本《古代史研究》93號；日本《文化年報》1984年3期；森浩一著《倭人之登場》，日本中央公論社，1986年。

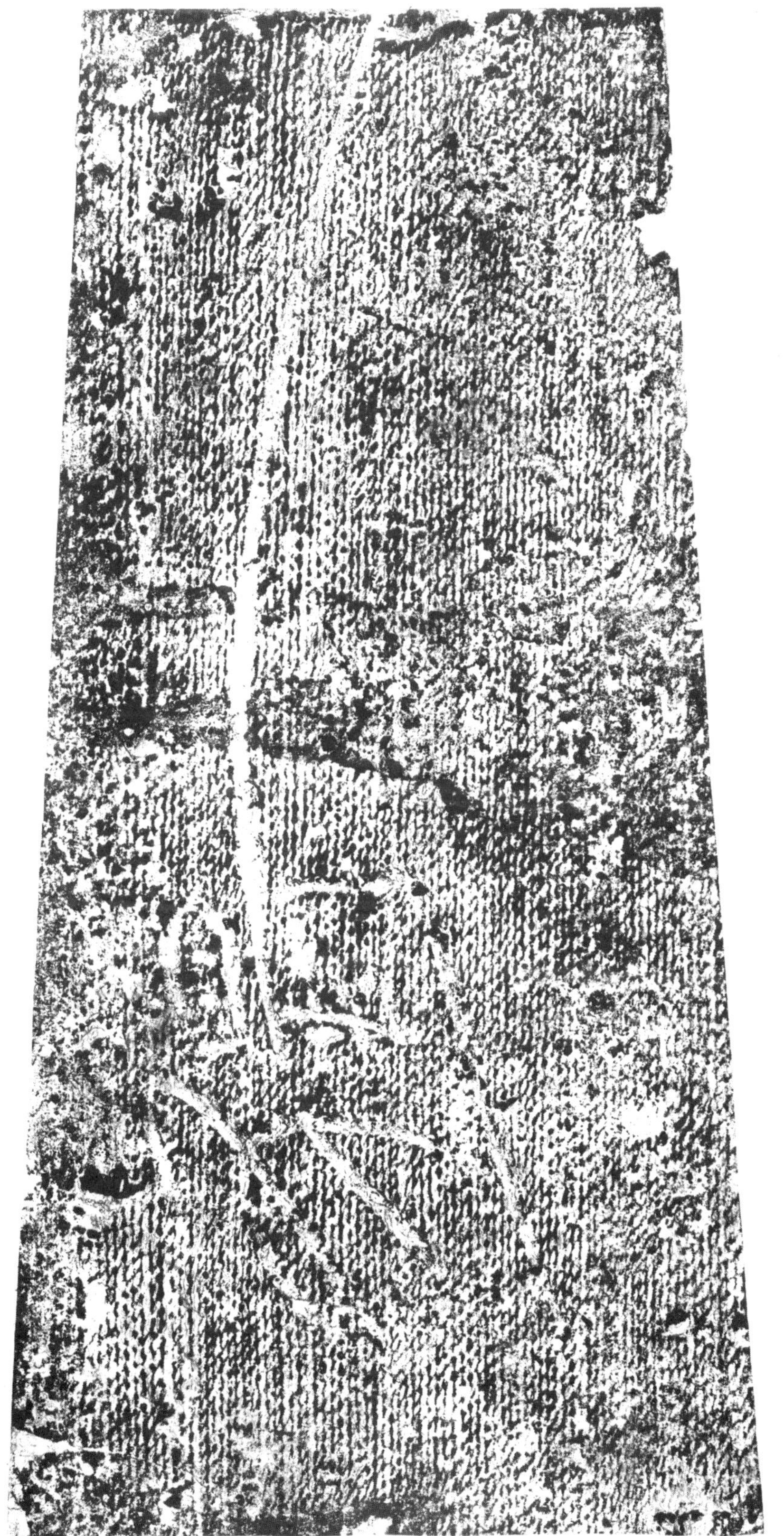

075號　獨磚

大楔形磚，橫放，字在繩紋面，1字。

獨

076號　皆磚

大長條磚，下部殘，字在繩紋面，1字。

皆

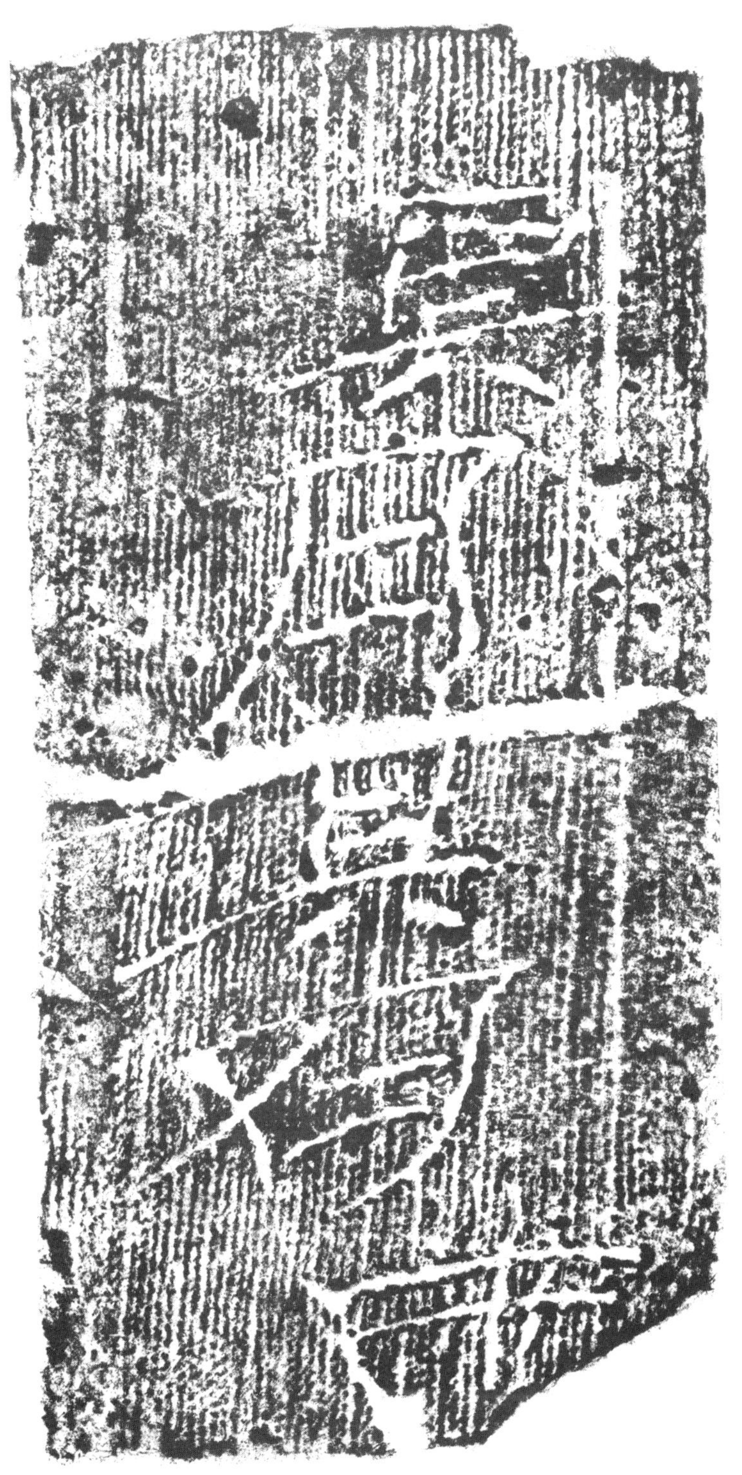

077號　其月磚

大長條磚，字在繩紋面，竪寫1行，5字。

其月其月□

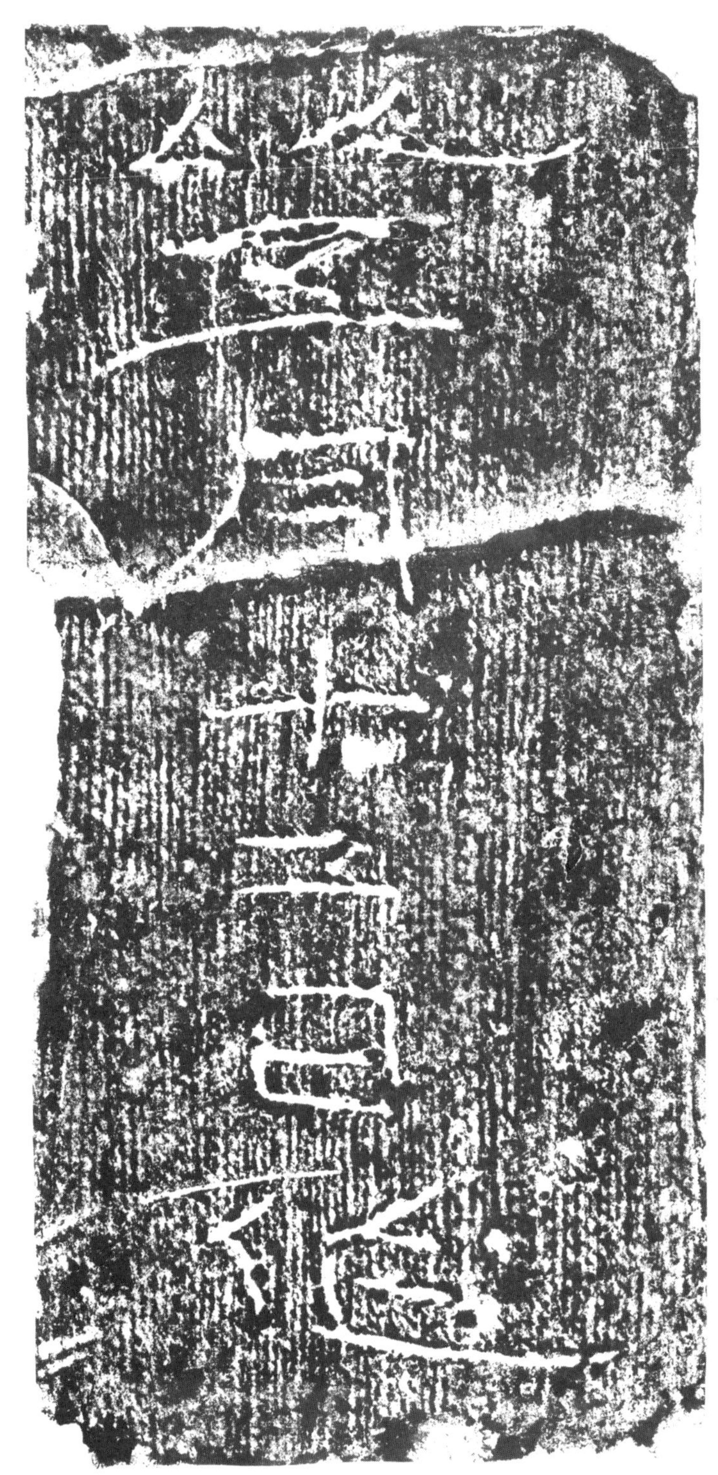

078號　以五月磚

大長條磚，字在繩紋面，竪寫1行，7字。

以五月十二日作

079號　七月二日磚

大長條磚，字在繩紋面，豎寫2行，10字。

七月二日張永騎所作壁

080號　三作之磚

大長條磚，下部殘，字在繩紋面，偏右竪寫1行，4字。

二三作之

081號　雹可磚

大長條磚，字在繩紋面，竪寫1行，3字。

雹可作

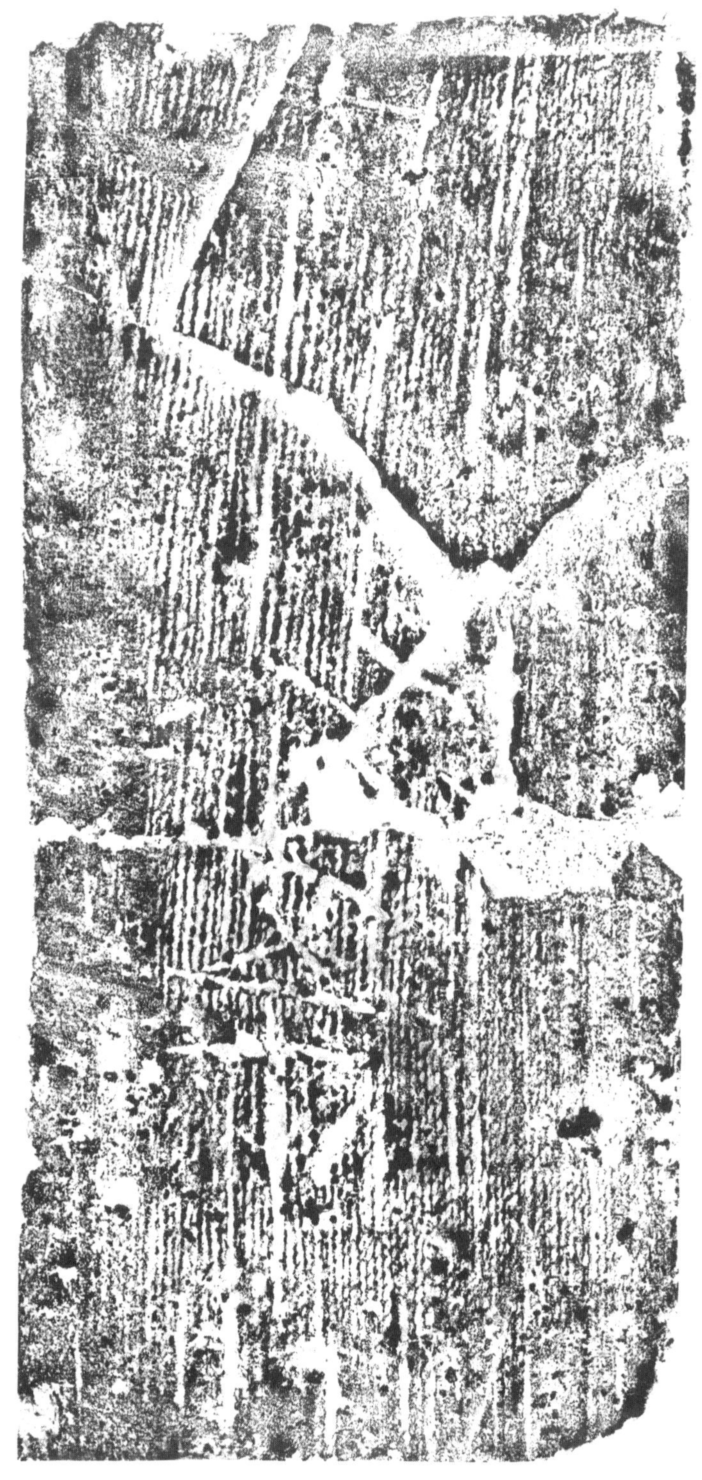

082號　二百磚

大長條磚，字在繩紋面，竪寫1行，4字。

二百五十

083號　史磚

大長條磚，下部殘，字在繩紋面，竪寫1行，4字。

史所作也

084號　可磚

大長條磚，下部殘，字在繩紋面，竪寫1行，3字。

包可作

085號　長百磚

大楔形磚，字在大横頭，竪寫1行，4字。

長百一十

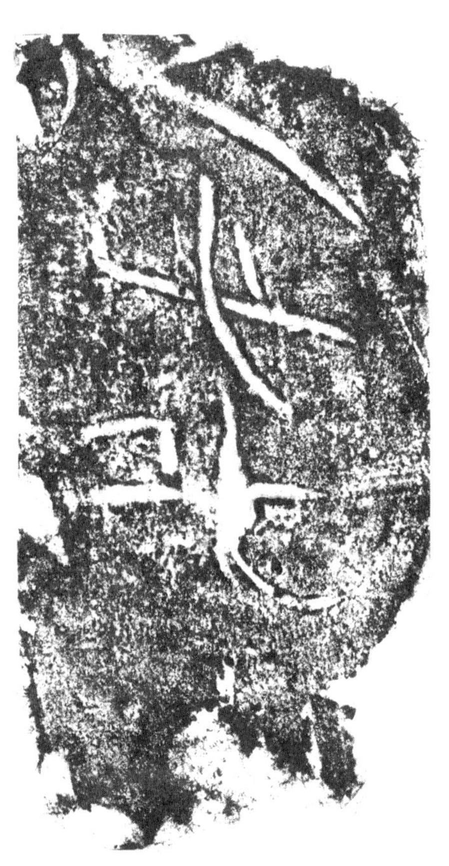

086號　此北磚

大長條磚，上部殘，字在磚側面，竪寫1行，存3字。

從此北

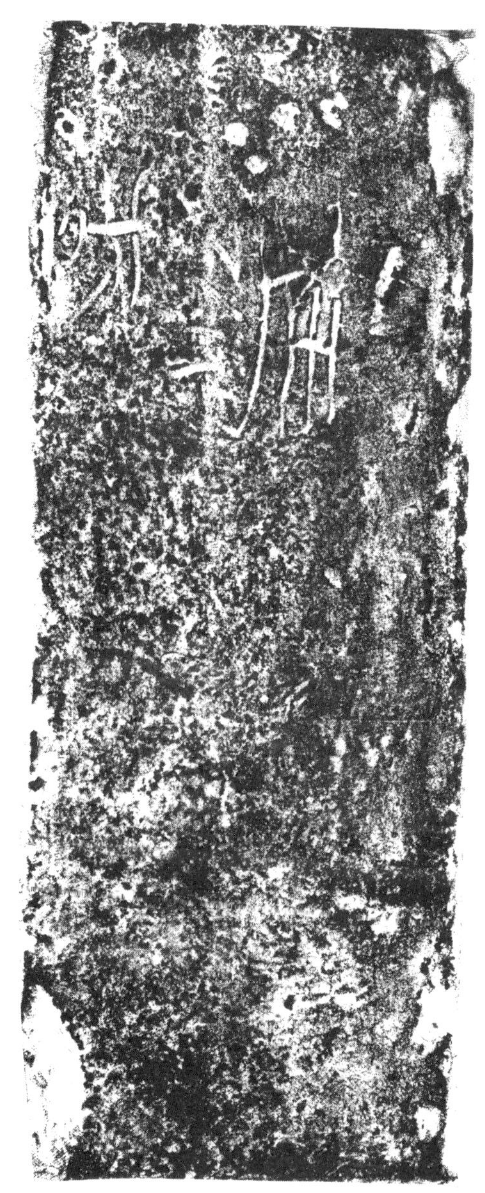

087號　馬磚

大長條磚，字在磚横頭，錯開寫2字。

馬□

088號　日磚（一）

大長條磚，字在磚横頭，横寫，右邊1字，左邊3字，共4字。

日日日日

089號　隶磚（二）

大長條磚，殘，字在繩紋面，竪寫1字。

隶

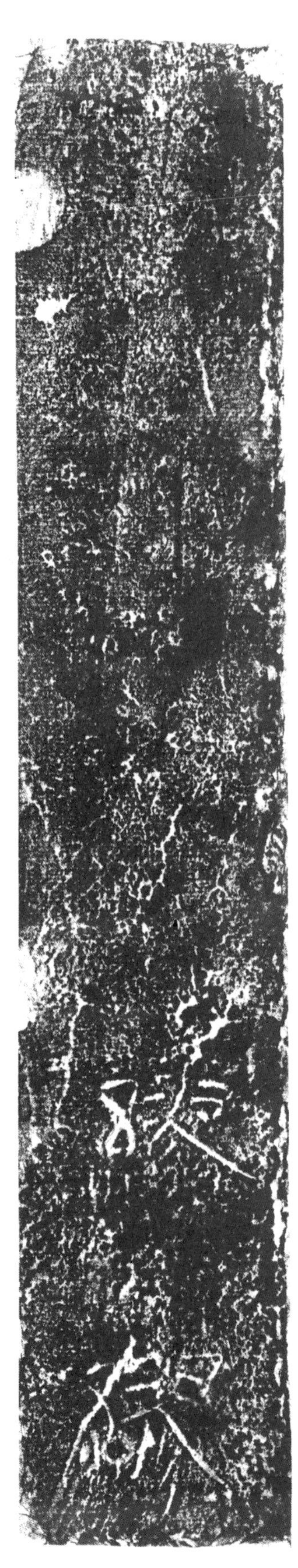

090號　繆磚

大長條磚，字在磚側面，竪寫1行，2字。

繆繆

091號　兒汝磚

大長條磚，字在磚横頭，竪寫1行，2字。

兒汝

092號　月磚

大楔形磚，字在大横頭，竪寫1行，2字。

月月

093-1號　仲宜磚

大長條磚，字在磚橫頭，竪寫1行，2字。

仲宜

093-2號　仲宜磚

大長條磚，字在磚側面，竪寫1行，3字。

宜定仲

094號　宜磚

大長條磚，字在磚横頭，1字。

宜

095號　女磚

大長條磚，字在磚横頭，1字。

女

096號　日磚（二）

大長條磚，字在磚橫頭，1字。

日

097號　曹艮磚

大楔形磚，大頭朝上，僅存右上部分，竪寫1行，3字。

曹艮有

098號　井磚

大長條磚，字在磚横頭，1字。

井

099號　凡五百磚

大長條磚，字在繩紋面，横放，竪寫2行，5字。

凡五百百八

100號　水磚

大長條磚，上、下殘。字在背平面，横放竪寫，僅2字清晰。

水……錢

101號　十磚（一）

大長條磚，字在磚橫頭，1字。

十

102號　十磚（二）

大長條磚，字在磚橫頭，1字。

十

103號　十磚（三）

大長條磚，字在磚横頭，1字。

十

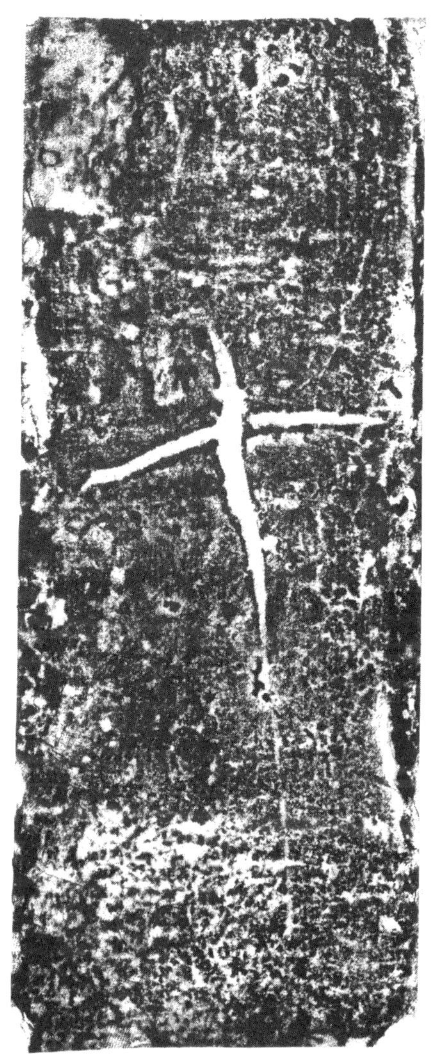

104號　十磚（四）

大楔形磚，字在磚小橫頭，1字。

十

105號　十磚（五）

大長條磚，字在磚横頭，1字。

十

106號　十磚（六）

大長條磚，字在磚横頭，1字。

十

107號　十磚（七）

大楔形磚，字在小横頭，1字。

十

108號　十磚（八）

大長條磚，字在磚橫頭，1字。

十

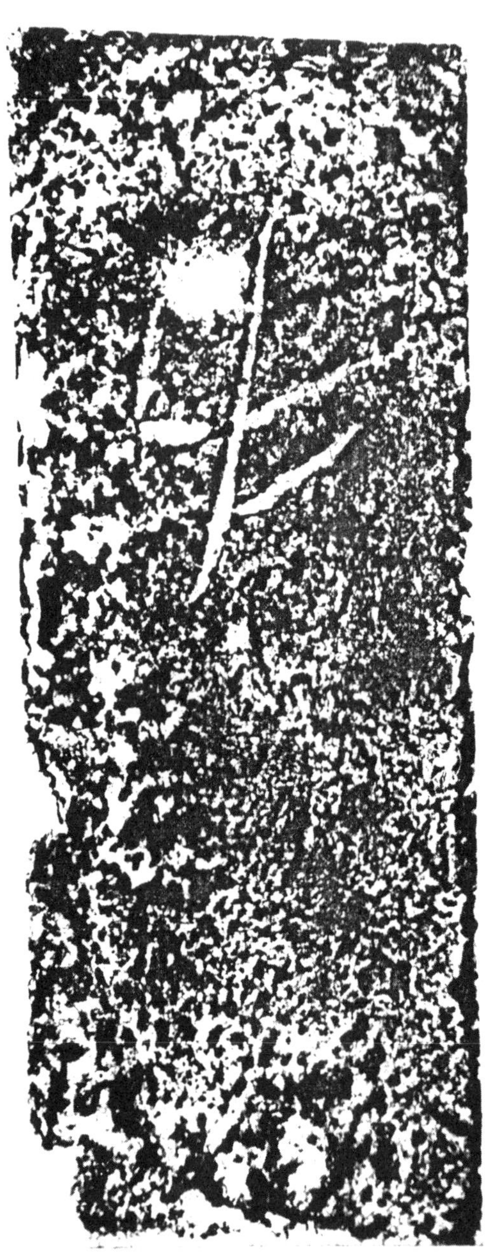

109號　廿磚（一）

大楔形磚，字在磚横頭，1字。

廿

110號　十一磚

大楔形磚，字在磚横頭，竪寫1行，2字。

十一

111號　一十磚

大長條磚，字在磚横頭，竪寫1行，2字。

一十

112號　二十磚

大長條磚，字在磚横頭，竪寫1行，2字。

二十

113號　卄磚（二）

大長條磚，字在磚横頭，1字。

卄

114號　卄磚（三）

大長條磚，字在磚横頭，1字。

卄

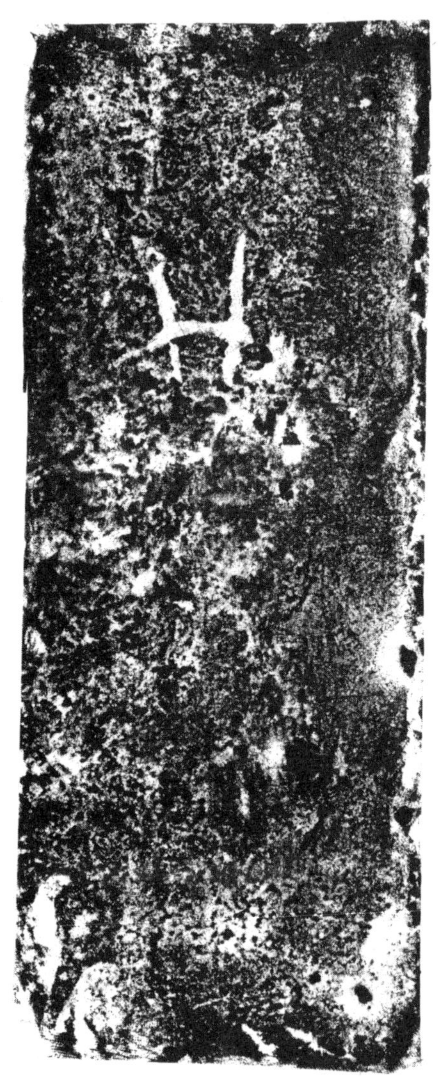

115號　卄磚（四）

大長條磚，字在磚横頭，1字。

卄

116號　卄磚（五）

大楔形磚，字在小橫頭，1字。

卄

117號　卄一磚（一）

大楔形磚，字在小横頭，竪寫1行，2字。

卄一

118號　廿一磚（二）

大楔形磚，字在小橫頭，竪寫1行，2字。

廿一

119號　卅磚（一）

大長條磚，字在磚横頭，1字。

卅

120號　卌磚

大長條磚，字在磚橫頭，1字。

卌

121號　卅一磚（一）

大長條磚，字在磚横頭，竪寫1行，2字。

卅一

122號　卌一磚

大長條磚，字在磚横頭，竪寫1行，2字

卌一

123號　卄磚（六）

大長條磚，字在磚横頭，2字。

卄（竪寫）卌（横寫）

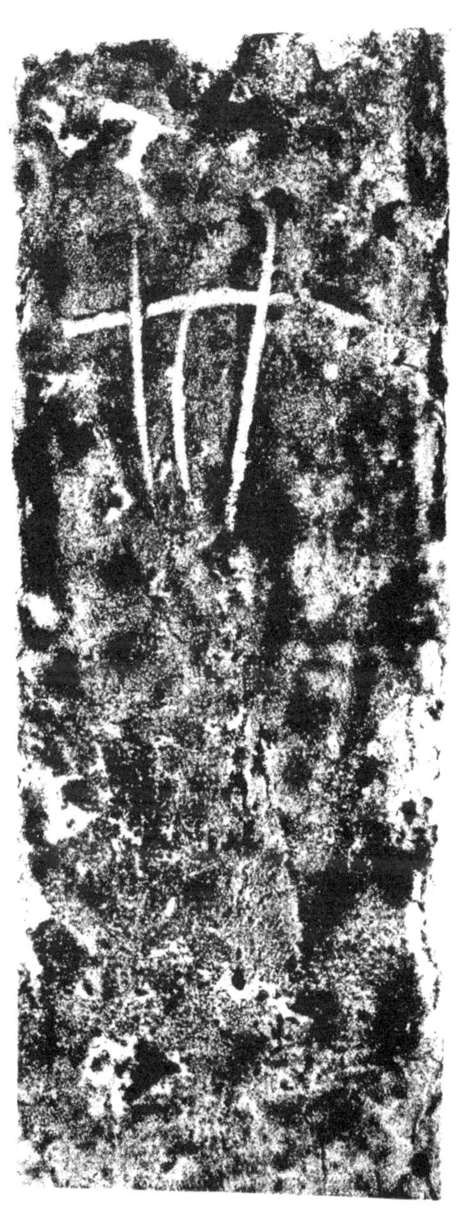

124號　卅磚（二）

大長條磚，字在磚橫頭，1字。

卅

125號　十四磚

大長條磚，字在磚横頭，竪寫1行，2字。

十四

126號　五十磚

大長條磚，字在磚橫頭，竪寫1行，2字。

五十

127號　六十磚

大長條磚，字在磚横頭，竪寫1行，2字。

六十

128號　八十磚

大長條磚，字在磚橫頭，竪寫1行，2字。

八十

129號　百磚（一）

大楔形磚，字在小横頭，1字。

百

130號　百磚（二）

大楔形磚，字在小横頭，1字。

百

131號　百一磚

大楔形磚，字在大横頭，竪寫1行，3字。

百一十

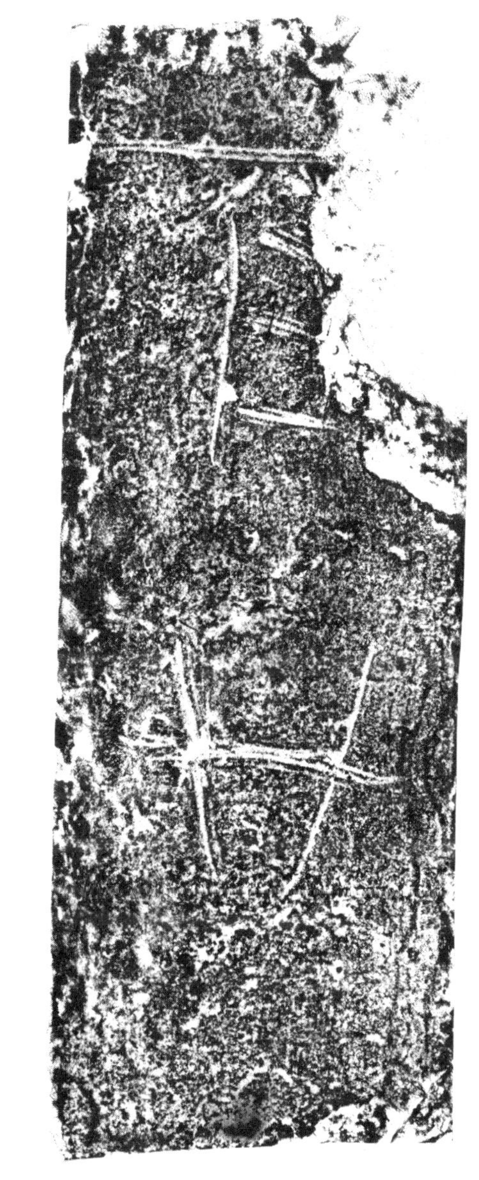

132號　百卄磚

大長條磚，字在磚橫頭，豎寫1行，2字。

百卄

133號　三百磚

大長條磚，字在磚横頭，竪寫1行，2字。

三百

134號　四百磚

大長條磚，字在磚橫頭，竪寫1行，3字。

四百卄

135號　五連磚

大楔形磚，字在磚大横頭，似三個“五”連寫。

五

136號　五十叠磚

大長條磚，字在磚横頭，似“五”“十”叠在一起。

五十

137號　畫意磚（一）

大長條磚，繩紋面刻劃，似花卉。

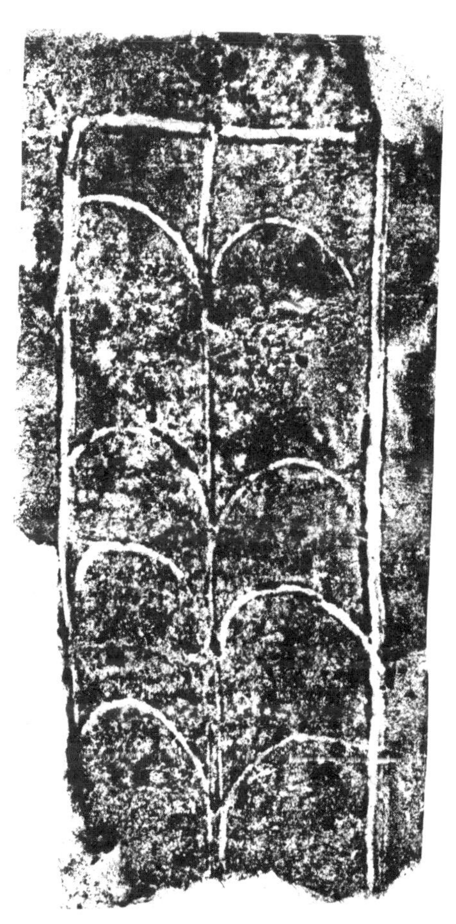

138號　畫意磚（二）

大長條磚，横頭刻劃，花草。

139號　畫意磚（三）

大長條磚，橫頭刻劃，蛇龍。

140號　畫意磚（四）

大長條磚，側面刻劃。

141號　朱書磚（一）

大長條磚，横放，字在背平面，1字。

敬

142號　朱書磚（二）

大長條磚，横放，字在背平面，1字。

干

143號　朱書磚（三）

大長條磚，橫放，字在背平面，1字。

午

144號　朱書磚（四）

大長條磚，橫放，字在背平面，1字。

百

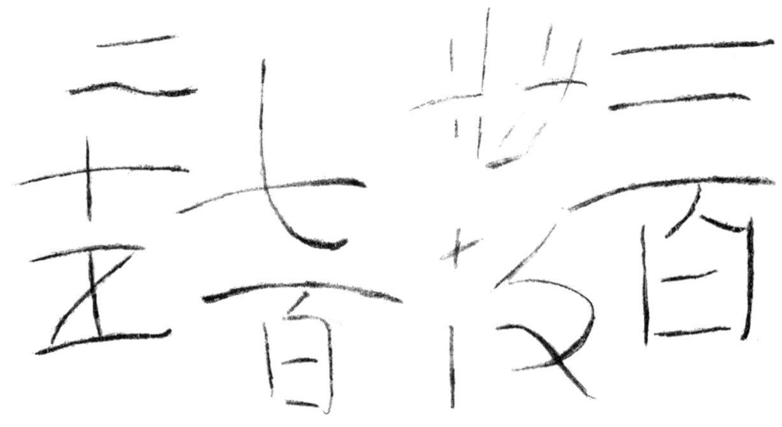

145號　朱書磚（五）

大長條磚，横放，字在背平面，竪寫4行，9字。

二百卌枚七百二十五

146號　朱書畫意磚（六）

大長條磚，横放，劃在背平面，上爲五竪道，下爲菱形。

二、董園村1號東漢墓

001號　陽文印字磚

小長條磚，字在背平面，竪寫1行，3字。

宜官延

002號　陰刻畫像磚

大楔形磚，磚殘，背面磨光，綫刻“駿馬騰飛”像。

003號　爲曹侯磚

小長條磚，字在繩紋面，竪寫1行，5字。

爲曹侯作壁

載：《文物》1978年8期；《文物》1980年7期。

004號　熾叩頭磚

小長條磚，字在繩紋面，竪寫1行，6字。

熾叩頭死罪敢

載：《文物》1980年第7期。

005-1號　東部督磚

小長條磚，字在背平面，竪寫2行，8字。

東部督王熾字元異

005-2號　東部督磚

小長條磚，字在繩紋面，竪寫3行，20字。

屬昨自語言私心不白别有區表何□相□當有廿

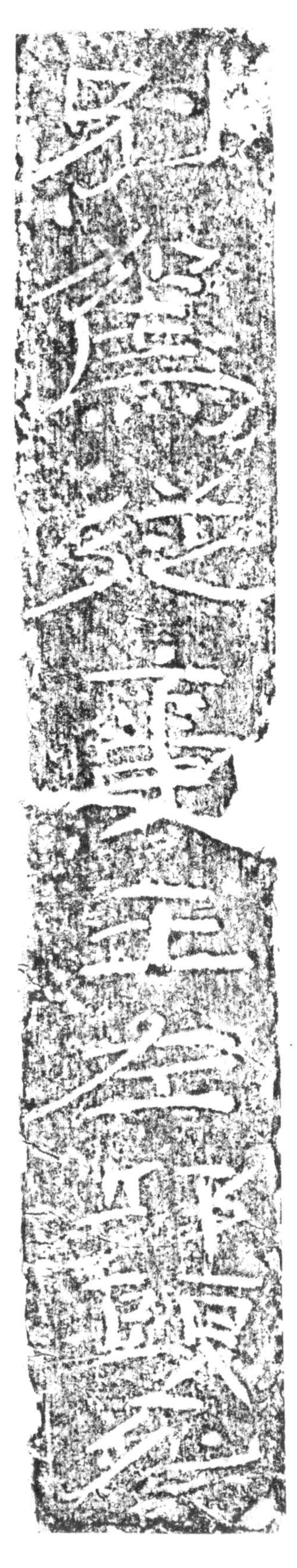

005-3號　東部督磚

小長條磚，字在右側面，竪寫1行，9字。

別駕從事王左叩頭死

005-4號　東部督磚

小長條磚，字在左側面，竪寫1行，8字。

□相□我□將損死

載：《江淮論壇》1979年1期；《文物》1978年8期；《文物》1980年7期；《中國歷史博物館館刊》1981年3期；《中原文物》1984年1期。

006-1號　公門磚

小長條磚，字在背平面，橫放，橫寫2字。

公門

載：《文物》1978年8期。

006-2號　令左史磚

小長條磚，字在繩紋面，橫放，斜竪寫4字。

令左史忠

載：《文物》1978年8期。

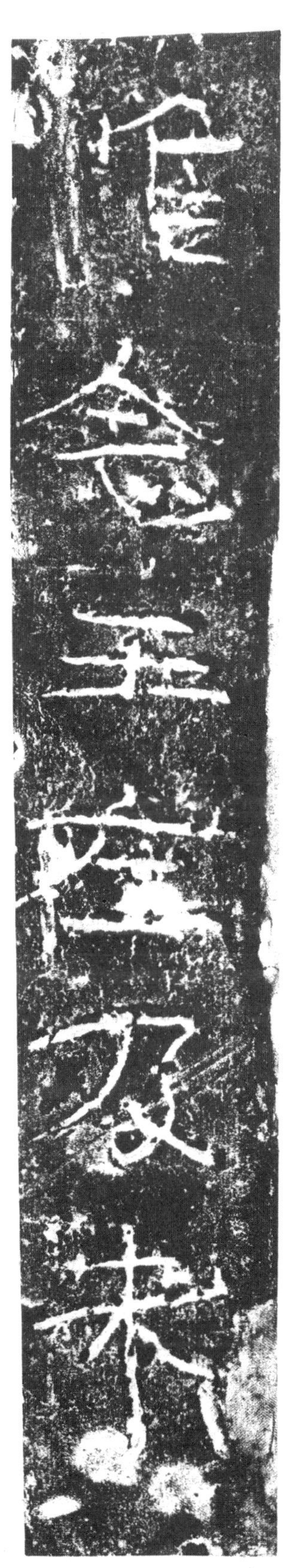

007號　唯念王左磚

小長條磚，字在磚側面，竪寫1行，6字。

唯念王左及未

載：《文物》1978年8期；《文物》1980年7期。

008號　咄成王左磚

小長條磚，字在磚側面，竪寫1行，6字。

咄成王左甚不

載：《文物》1978年8期。

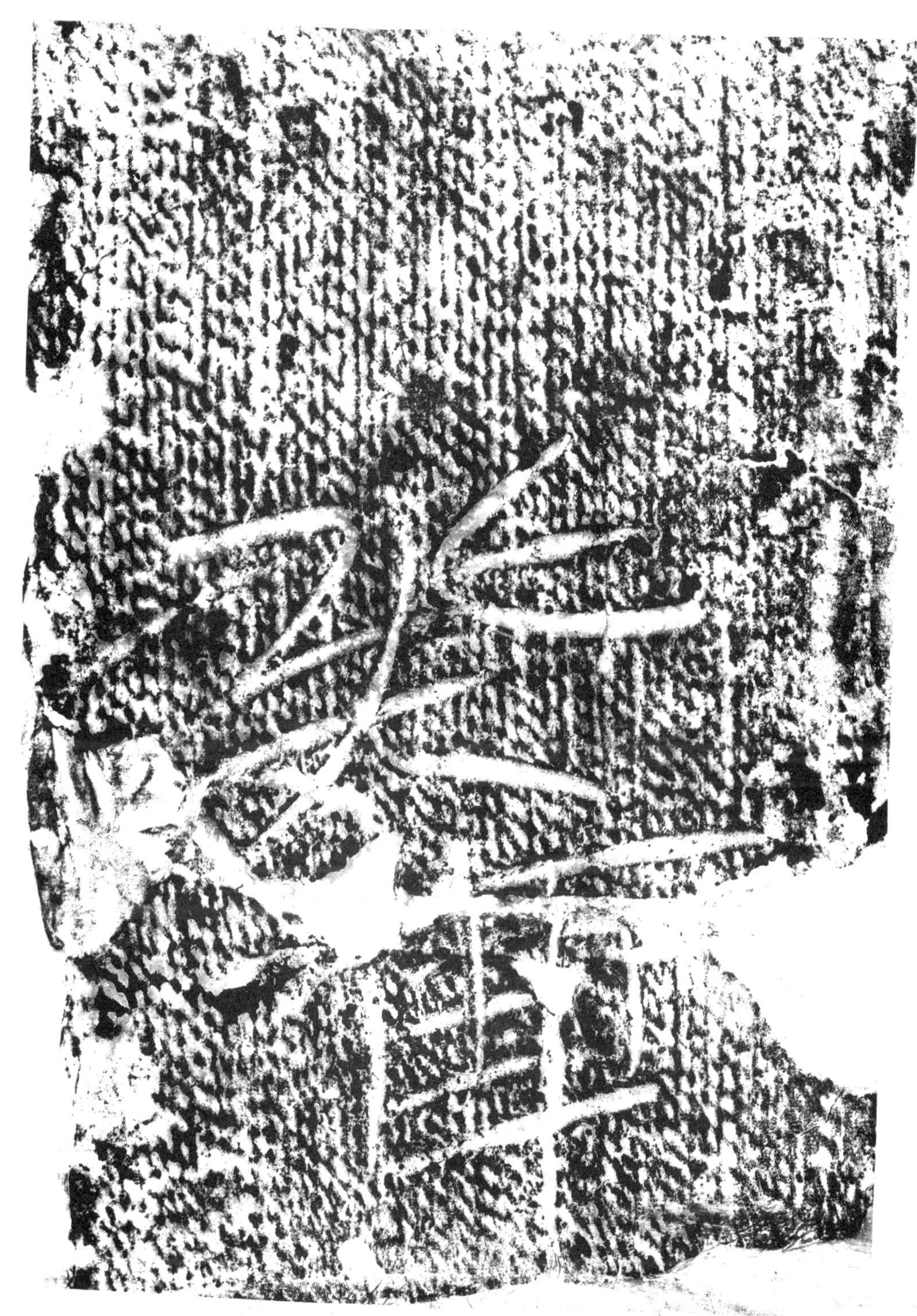

009號　癸酉磚

大楔形磚，大頭朝上，字在繩紋面，竪寫1行，2字。

癸酉

010號　必忠磚

大楔形磚，小頭朝上，字在繩紋面，竪寫1行，2字。

必忠

載：《文物》1978年8期。

011號　當今備繭磚

小長條磚，字在繩紋面，磚下部殘缺，竪寫2行，存7字。

當今備繭播四□

012號　再拜磚

小長條磚，字在繩紋面，竪寫1行，4字。

再拜再再

載：《文物》1978年8期；《文物》1980年7期。

013號　是磚

小長條磚，字在繩紋面，竪寫1行，4字。

是是是後

014號 限阿磚

小長條磚，字在磚側面，上缺，竪寫1行，5字。

限阿枚□日

015號　穎磚

小長條磚，字在磚側面，竪寫1行，8字。

穎□逸崇志□□馀

016號　亥子月磚

小長條磚，字在繩紋面，竪寫1行，3字。

亥子月

017號　作苦心丸磚

小長條磚，字在繩紋面，竪寫1行，4字。

作苦心丸

載：《文物》1978年8期；《江淮論壇》1979年1期；《文物》1980年7期；《中原文物》1984年1期。

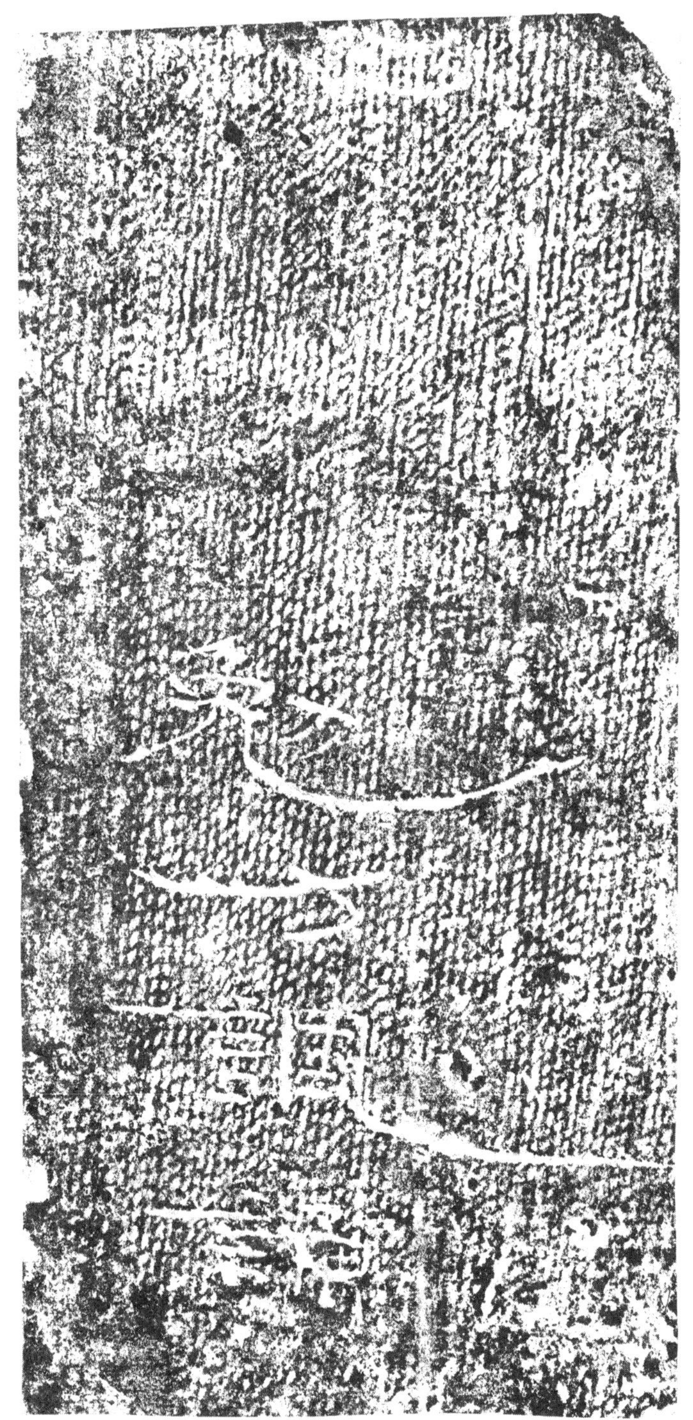

018號　勉力磚

小長條磚，字在繩紋面，竪寫1行，4字。

勉力諷誦

載：《文物》1980年8期。

019號　頃不磚

小長條磚，字在繩紋面，竪寫1行，4字。

頃不想思

020號　大磚

小長條磚，字在繩紋面，竪寫1行，4字。

大須自有

021號　樓阿磚

小長條磚，字在繩紋面，竪寫1行，4字。

樓阿敊（枚）子

載：日本《文化年報》1984年3月。

022號　迎仁磚

小長條磚，字在繩紋面，竪寫2行，5字。

迎仁動勴（勱）□

023號　復德行者磚

小長條磚，字在繩紋面，竪寫3行，8字。

乡乡復德行者乡乡

024號　堯飲磚

小長條磚，字在繩紋面，竪寫1行，5字。

堯飲枚千鍾

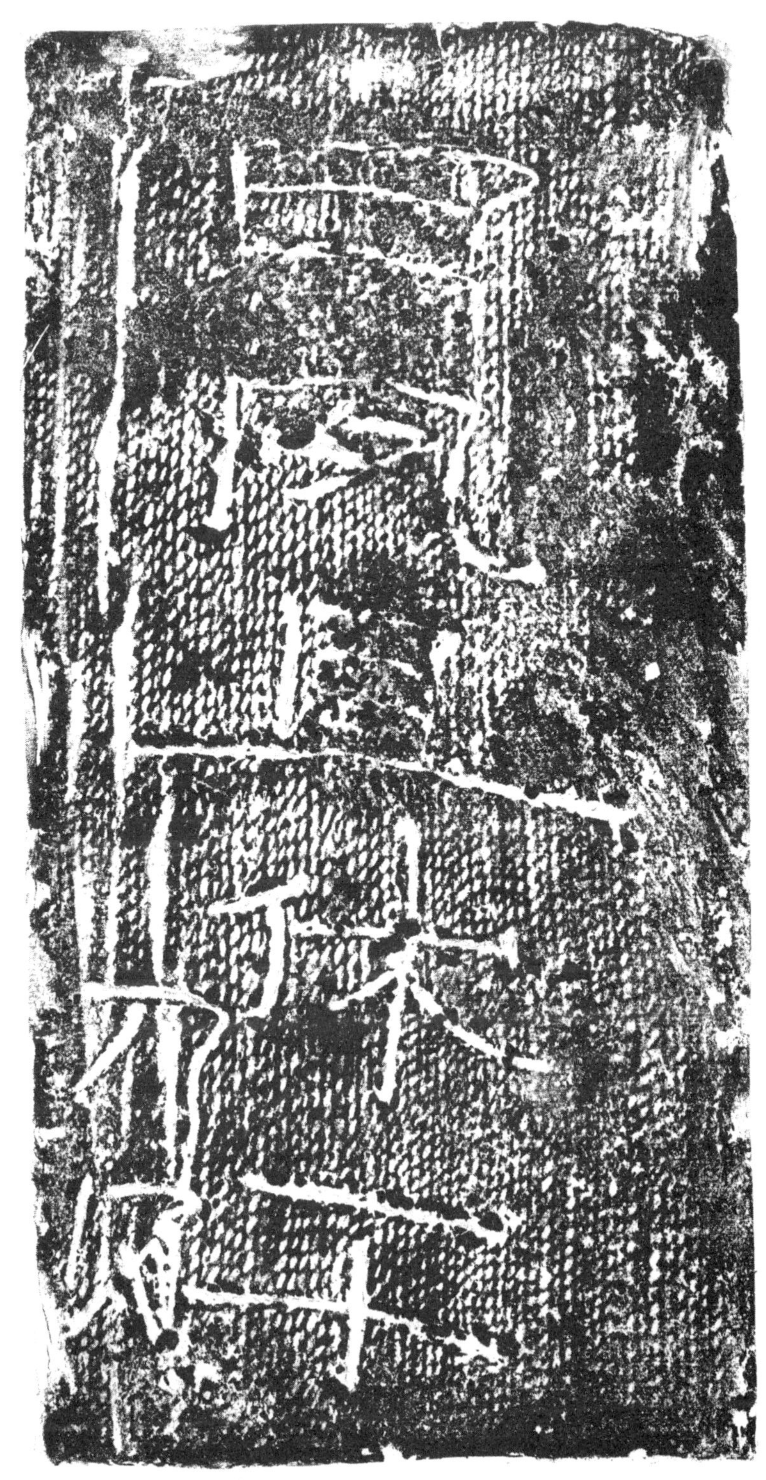

025號　日夙磚

小長條磚，字在繩紋面，竪寫2行，7字。

日夙且休干乃乃

026號　當起送磚

小長條磚，字在繩紋面，竪寫1行，6字。

當起送無有枚

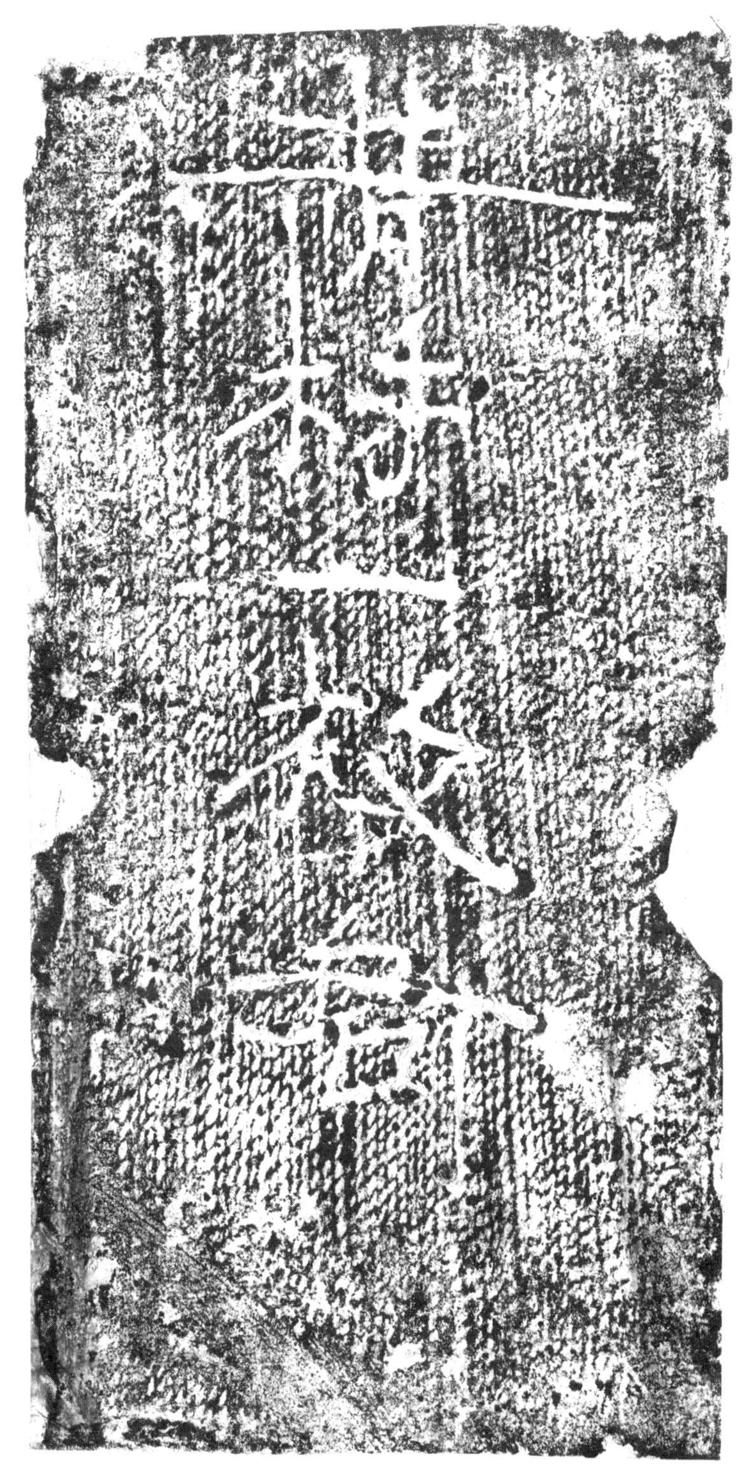

027號　芳枒磚

小長條磚，字在繩紋面，竪寫1行，5字。

芳枒一枚各

028號　酸醪五什配酖磚

小長條磚，字在繩紋面，竪寫1行，6字。

酸醪五什配酖

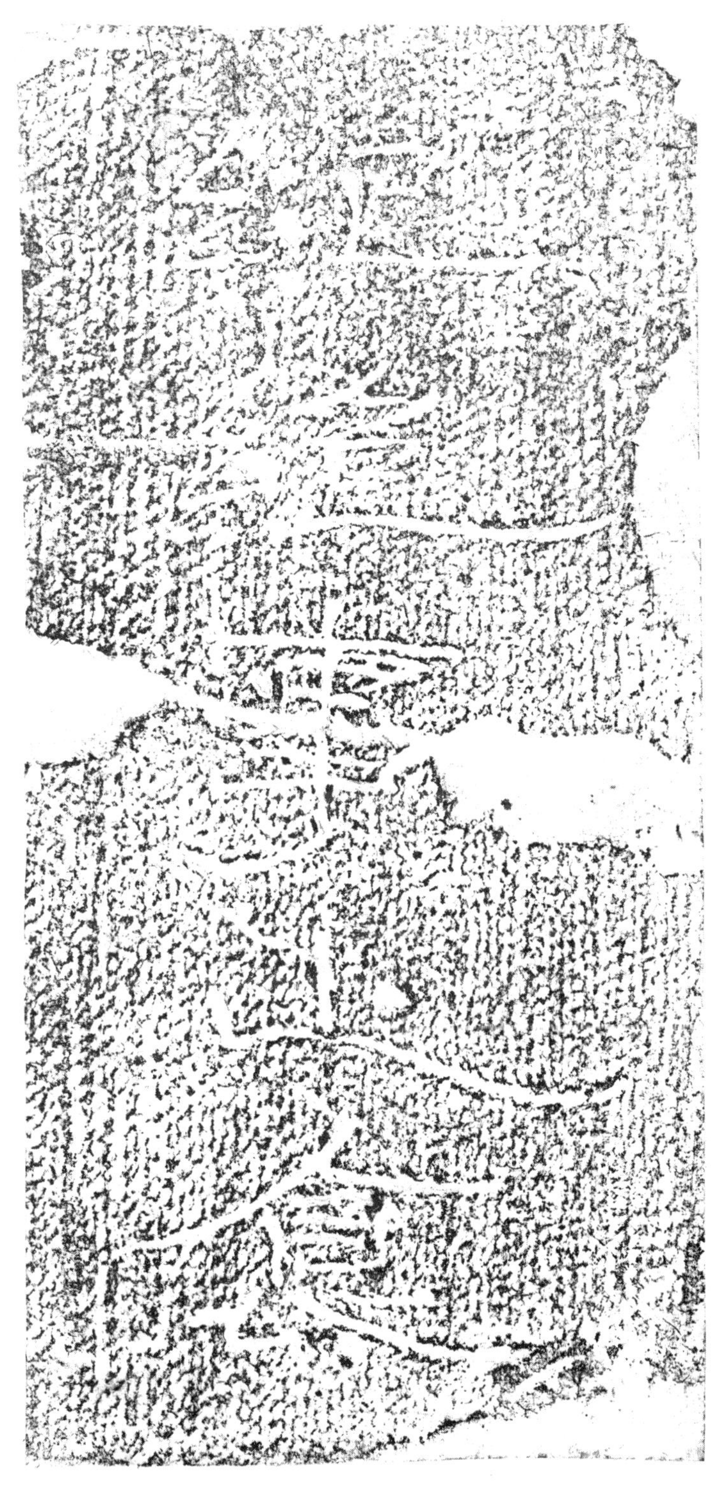

029號　紀絶磚

小長條磚，字在繩紋面，竪寫1行，5字。

紀絶事止食

030號　吾家夫忘之磚

小長條磚，字在繩紋面，竪寫3行，16字。

吾家夫忘之今有少西大漯自知久勿還

載：《文物》1978年8期；《江淮論壇》1979年1期；《文物》1980年7期；《中原文物》1984年1期。

031號　嫌道漯耶磚

小長條磚，字在繩紋面，竪寫2行，10字。

嫌道漯耶張□翕當咎然

載：《文物》1980年7期。

032號　今日頭熱磚

小長條磚，字在繩紋面，竪寫3行，19字。

今日頭熱路（？）無貧蓋多文惠賜□中照□後所以

033號　一日持書磚

小長條磚，字在繩紋面，竪寫3行，18字。

一日持書平安世何等三口十人君临無可食

載：《江淮論壇》1979年1期；《文物》1980年7期；《中國歷史博物館館刊》1981年3期；《中國書法大全》卷九《秦漢金文陶文》，北京榮寶齋，1992年。

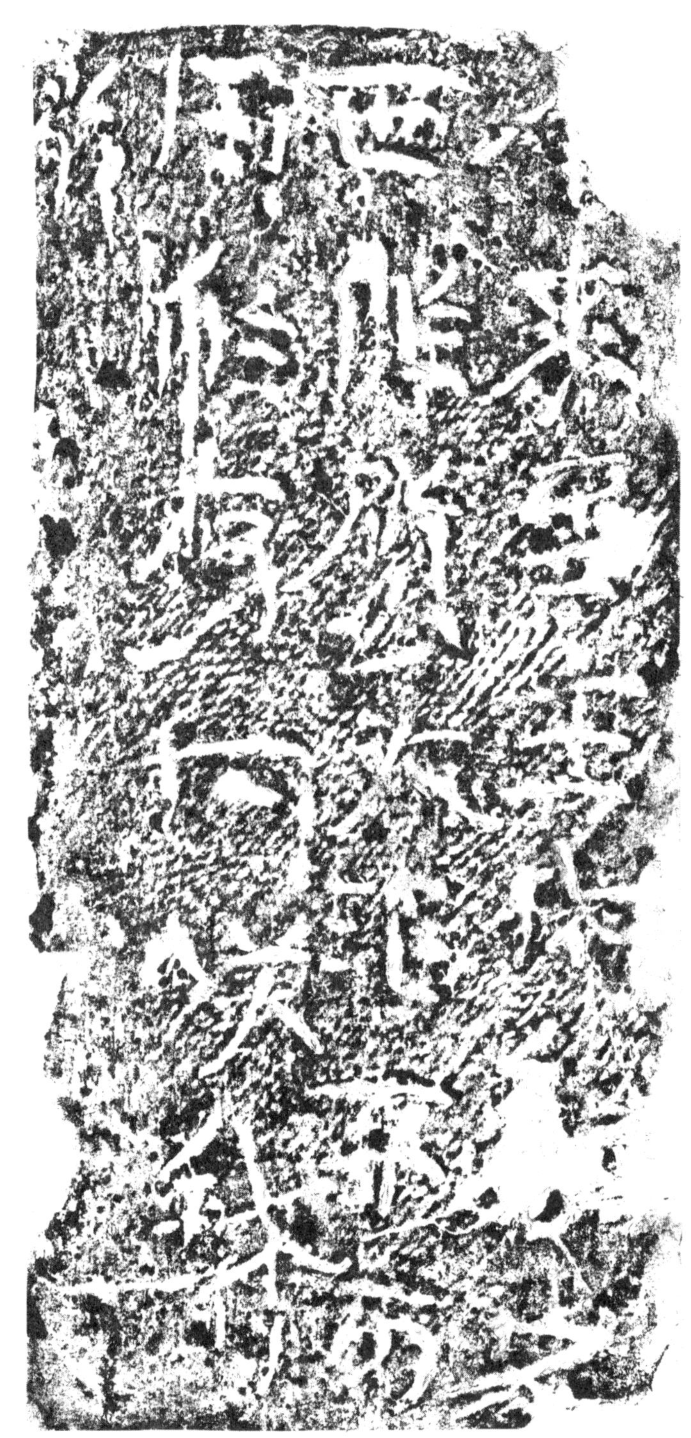

034號　今來至王成磚

小長條磚，字在繩紋面，竪寫3行，20字。

今來至王成□家西作壁大隶不可用作身凡（勺）咲我

載：《文物》1978年8期；《文物》1980年7期。

035號　置掾景興磚

小長條磚，字在繩紋面，竪寫3行，18字。

置掾景興侍者勤苦暑熱□知沽息稿狢平□

載：《文物》1979年8期；《文物》1980年7期。

036號　世磚

小長條磚，字在磚側面，竪寫1行，6字。

□□世而□忞

037號　二繭磚

小長條磚，字在繩紋面，竪寫1行，4字。

二繭躬惰

038號 謁湯都磚

小長條磚，字在磚側面，橫放，横寫3字。

謁湯都

039號　酓光磚

小長條磚，字在磚橫頭，竪寫1行，4字。

酓光水郢

040號　黑後磚

小長條磚，字在磚橫頭，竪寫2行，4字。

黑後景招

041號　薛（薩）磚

小長條磚，字在繩紋面，竪寫4字，大小不一。

薛（薩）象張休

042號　死持梦磚

小長條磚，字在繩紋面，竪寫1行，3字。

死持梦

043號　卒史俦磚

小長條磚，字在繩紋面，竪寫1行，3字。

卒史俦

044號　夔子磚

小長條磚，字在磚側面，竪寫1行，2字。

夔子

045號　具口磚

小長條磚，字在磚横頭，竪寫1行，2字。

具口

046號　猍具木磚

小長條磚，字在磚横頭，竪寫1行，3字。

猍具木

047號　連年磚

小長條磚，字在磚側面，豎寫1行，2字。

連年

載：《文物》1980年7期。

048號　敬君磚

小長條磚，字在磚側面，竪寫1行，2字。

敬君

049號　孤子磚

小長條磚，字在繩紋面，竪寫1行，2字。

孤子

載：《文物》1978年8期。

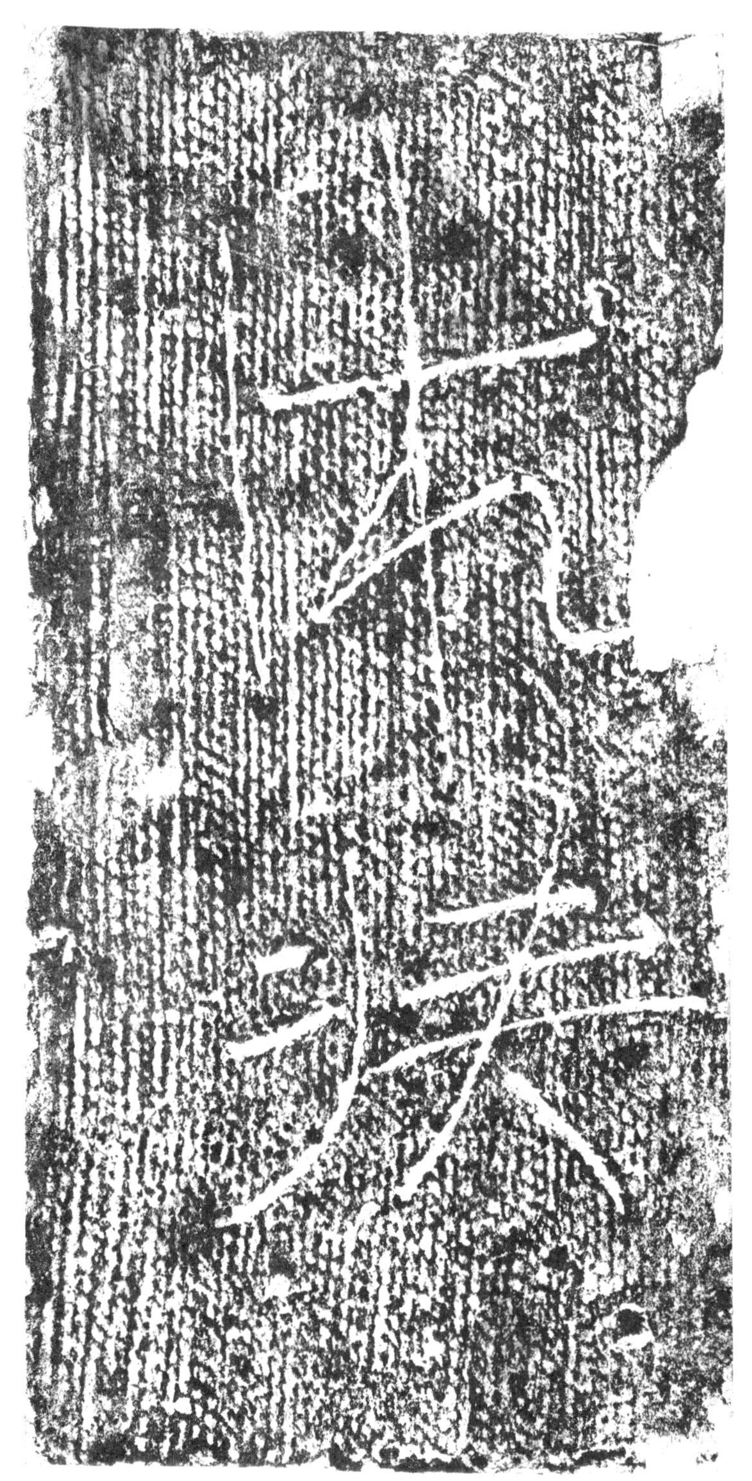

050號　沐疾磚

小長條磚，字在繩紋面，竪寫1行，2字。

沐疾

051號　庫卿磚

小長條磚，字在繩紋面，竪寫1行，2字。

庫卿

載：《文物》1978年8期。

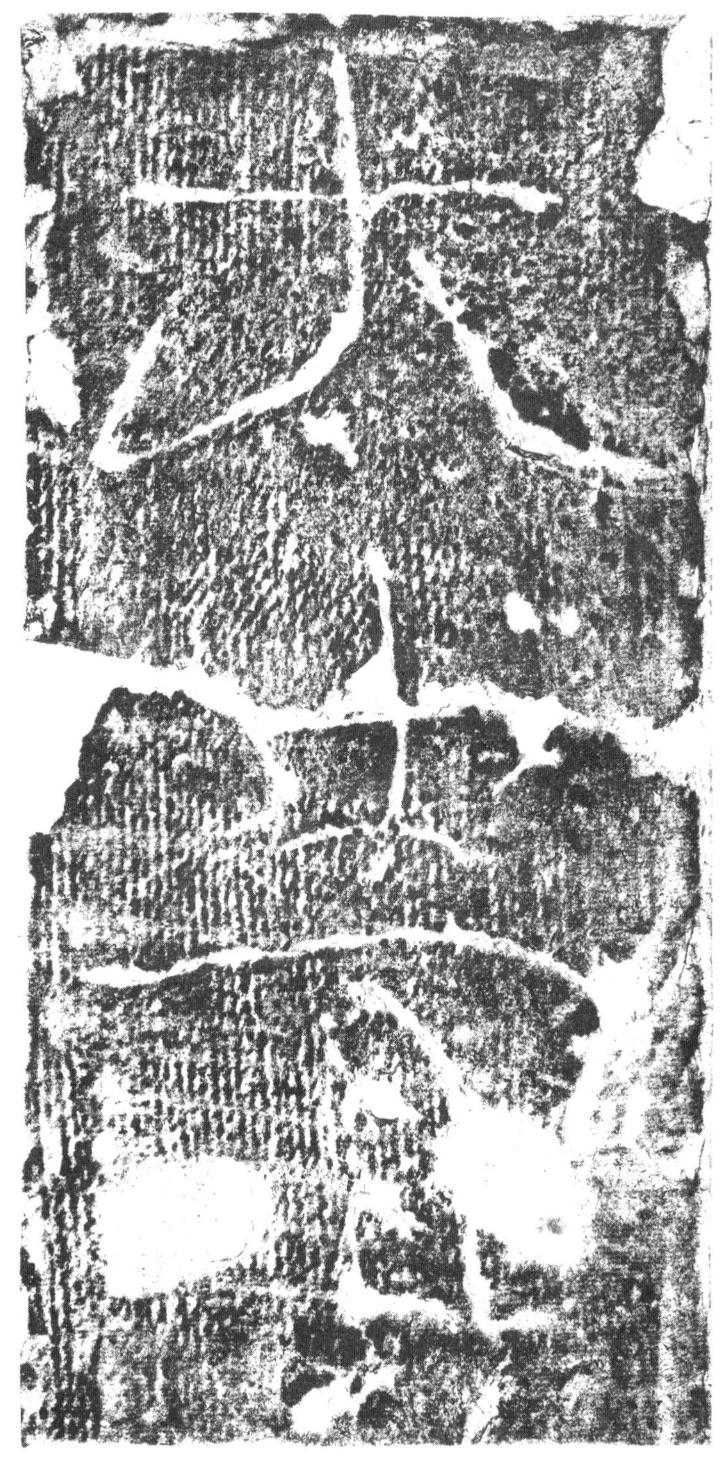

052號　大貴磚

小長條磚，字在繩紋面，竪寫1行，2字。

大貴

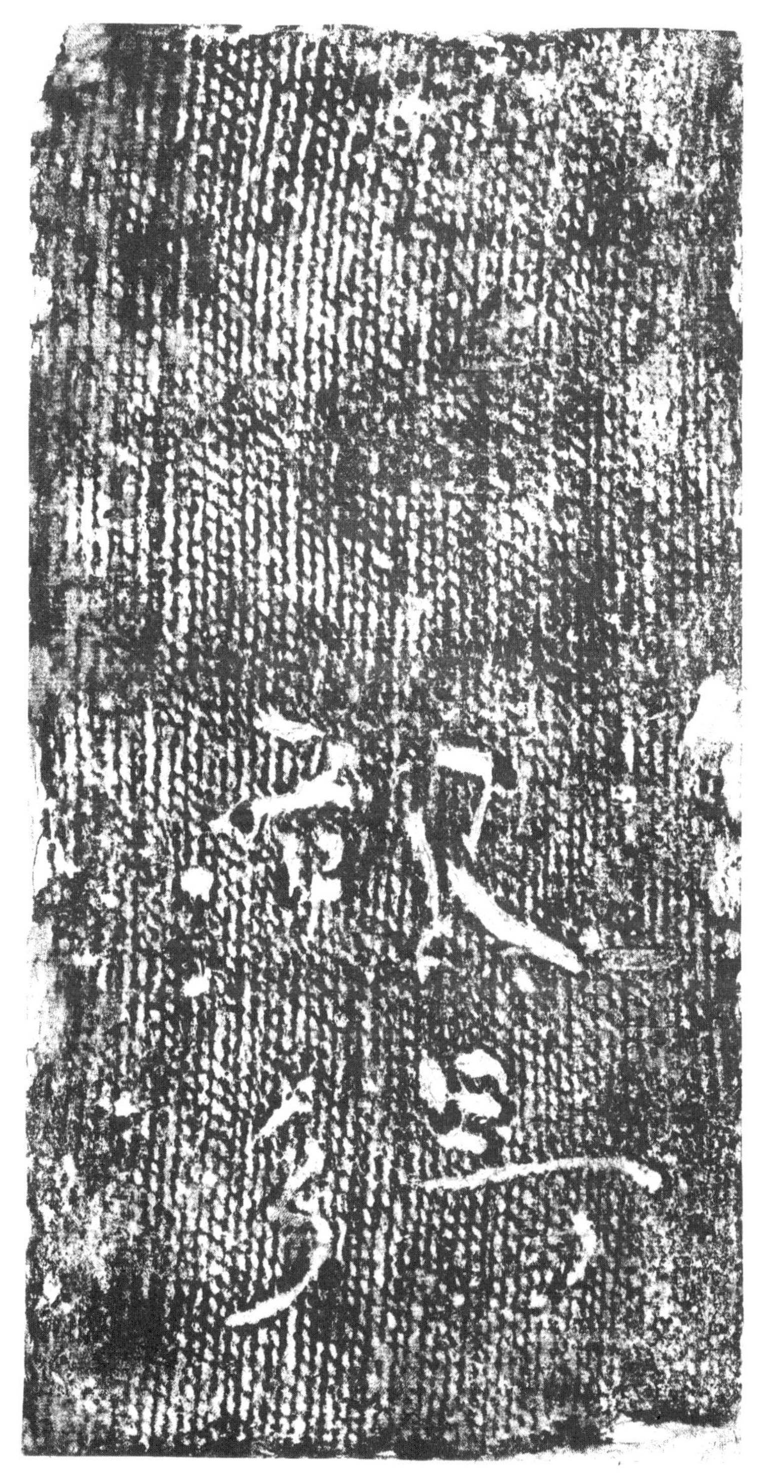

053號　欲得磚

小長條磚，字在繩紋面，竪寫1行，2字。

欲得

054號　異磚

小長條磚，字在繩紋面，竪寫1行，2字。

異異

055號　枚磚

小長條磚，字在繩紋面，竪寫1行，2字。

枚夂

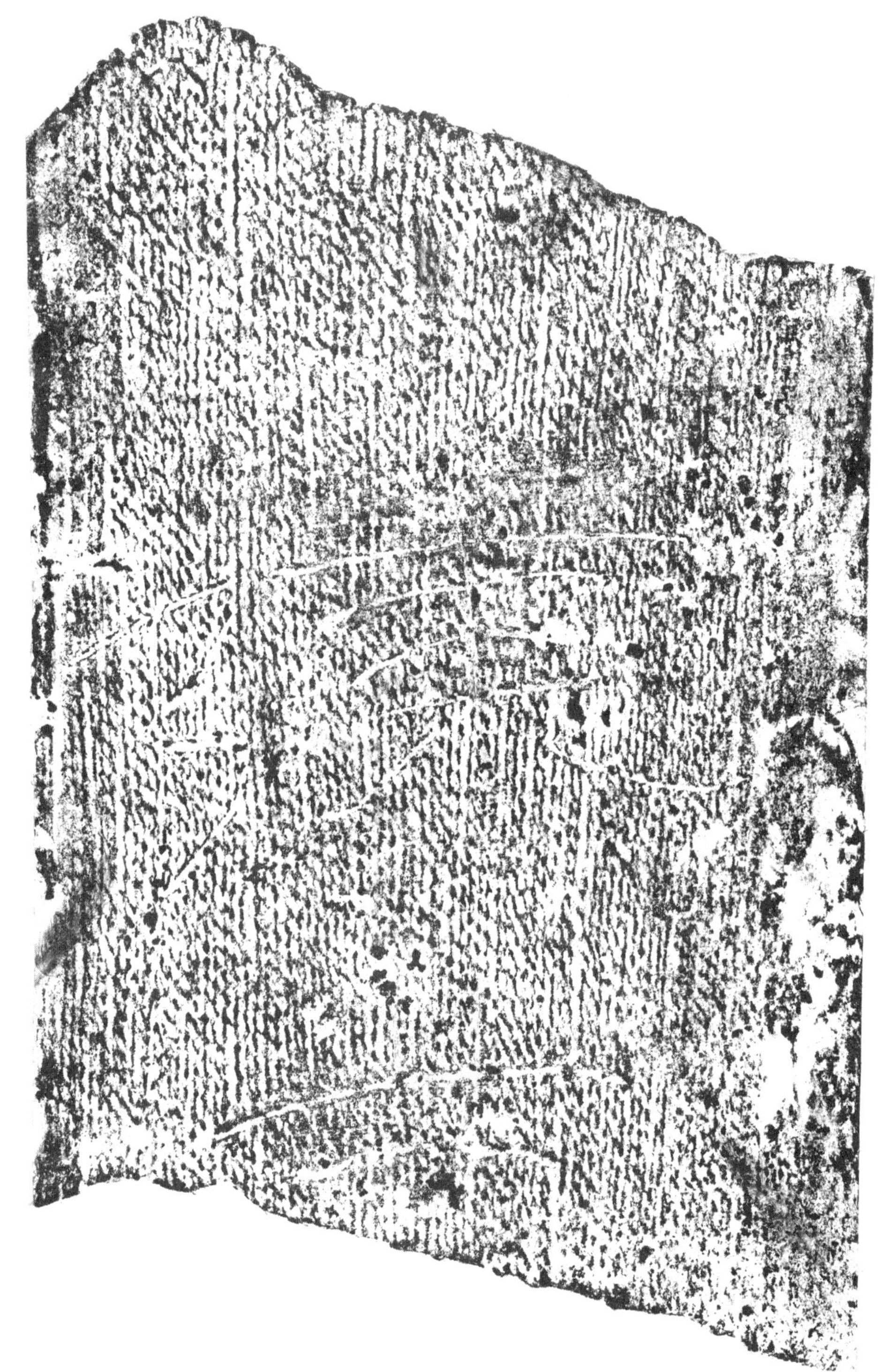

056號　陳磚

大楔形磚，大頭朝下，兩頭殘缺，字在繩紋面，竪寫1行，存2字。

陳□

載：《文物》1978年8期；《文物》1980年7期。

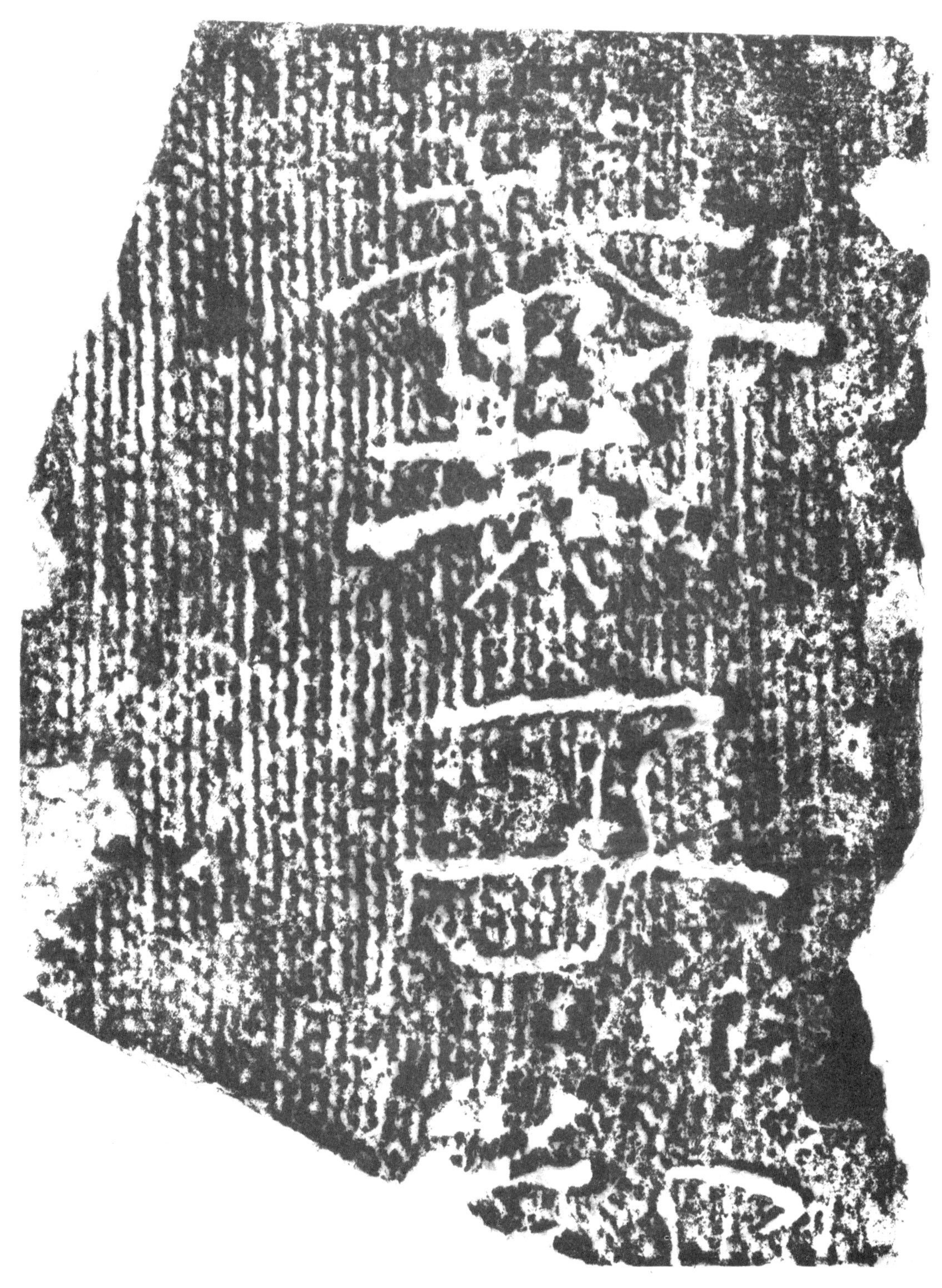

057號　戴子磚

小長條磚，下部殘，字在繩紋面，竪寫1行，存3字。

戴子□

058號　文磚

小長條磚，字在繩紋面，竪寫3字。

文文文（三種不同寫法）

059號　送磚

小長條磚，上部殘，字在繩紋面，竪寫1行，存2字。

□送

060號　奴復死磚

小長條磚，字在磚横頭，竪寫1行，7字。

王左死奴復死苛

載：《文物》1978年8期；《江淮論壇》1979年1期；《文物》1980年7期；《中原文物》1984年1期。

061號　繆嬰磚

小楔形磚，字在小横頭，竪寫1行，4字。

繆嬰公侯

062號　祭酒磚

楔形磚，字在横頭，竪寫1行，2字。

祭酒

載：《文物》1978年8期；《文物》1980年7期。

063號　吴敝磚

大楔形磚，字在小横頭，竪寫1行，7字。

吴敝高大土大夫

064號　君侯磚

大楔形磚，字在小横頭，竪寫1行，2字。

君侯

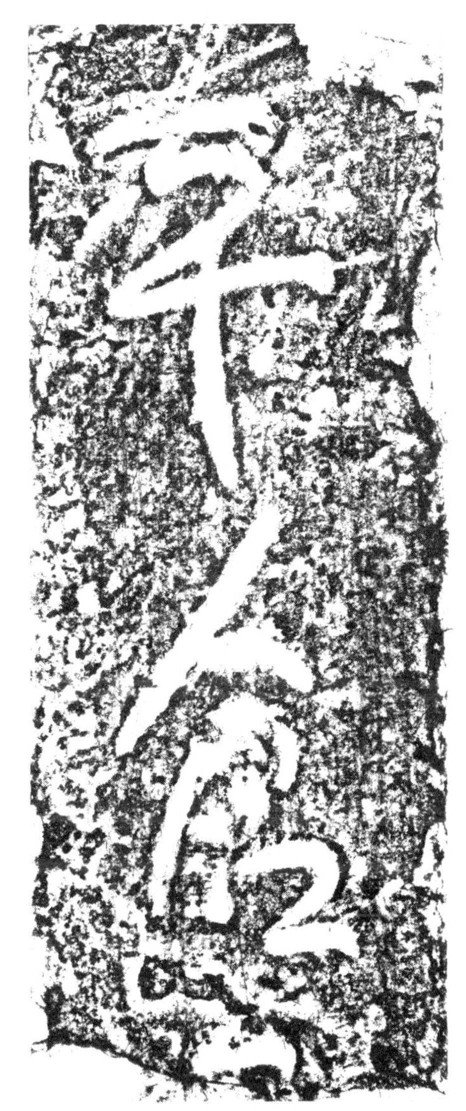

065號　平倉磚

小長條磚，字在磚横頭，竪寫1行，2字。

平倉

載：《中國書法大全》卷九《秦漢金文陶文》，北京榮寶齋，1992年。

066號　成壁磚

小長條磚，字在磚側面，竪寫1行，5字。

成壁但見（冤）余

載：《文物》1978年8期；《江淮論壇》1979年1期；《光明日報》1979年2月7日；《文物》1980年7期；《中原文物》1984年1期。

067號　延熹磚

小長條磚，下半殘缺，字在磚側面，竪寫2行，7字。

八月一日延熹七

載：《文物》1978年8期；《江淮論壇》1979年1期；《文物》1980年7期；《中國歷史博物館館刊》1981年3期。

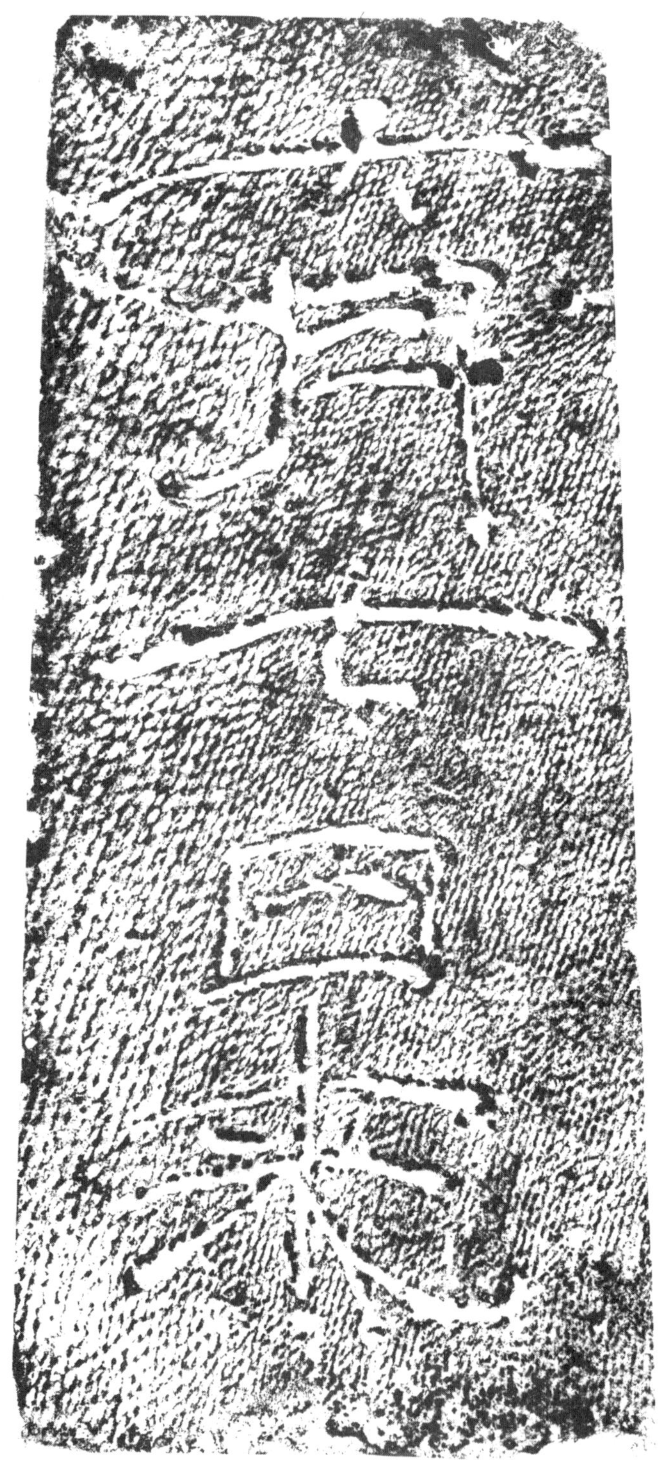

068號　六月磚

小楔形磚，小頭朝上，字在繩紋面，竪寫1行，5字。

六月七日来

載：《文物》1979年8期；《文物》1980年7期。

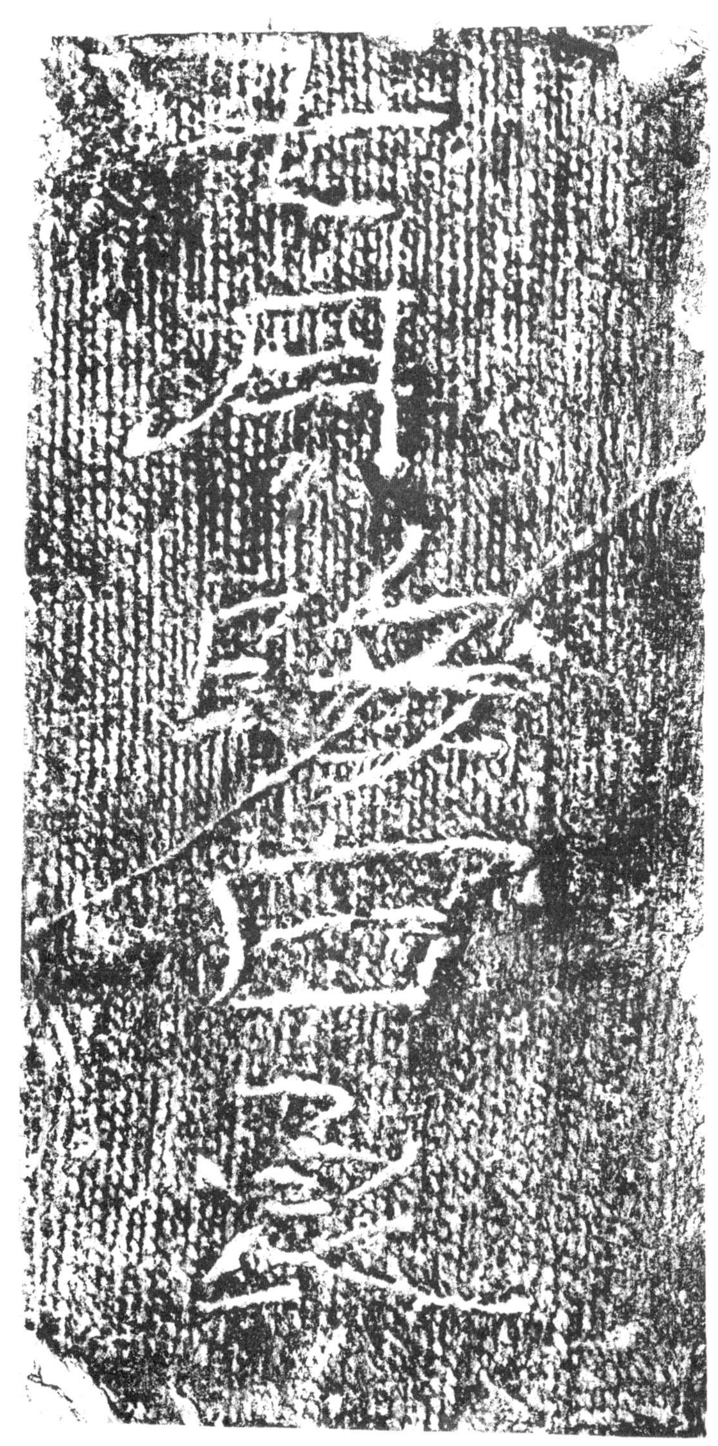

069號　七月磚

小長條磚，字在繩紋面，竪寫1行，5字。

七月晦日良

載：《文物》1978年8期。

070號　七月九日磚

小長條磚，字在磚横頭，竪寫1行，6字。

七月九日下坯

載：《文物》1978年8期；《文物》1980年7期。

071號　嘆作九月磚

小長條磚，字在磚側面，竪寫1行，7字。

嘆作九月上旬之

載：《文物》1978年8期；《文物》1980年7期。

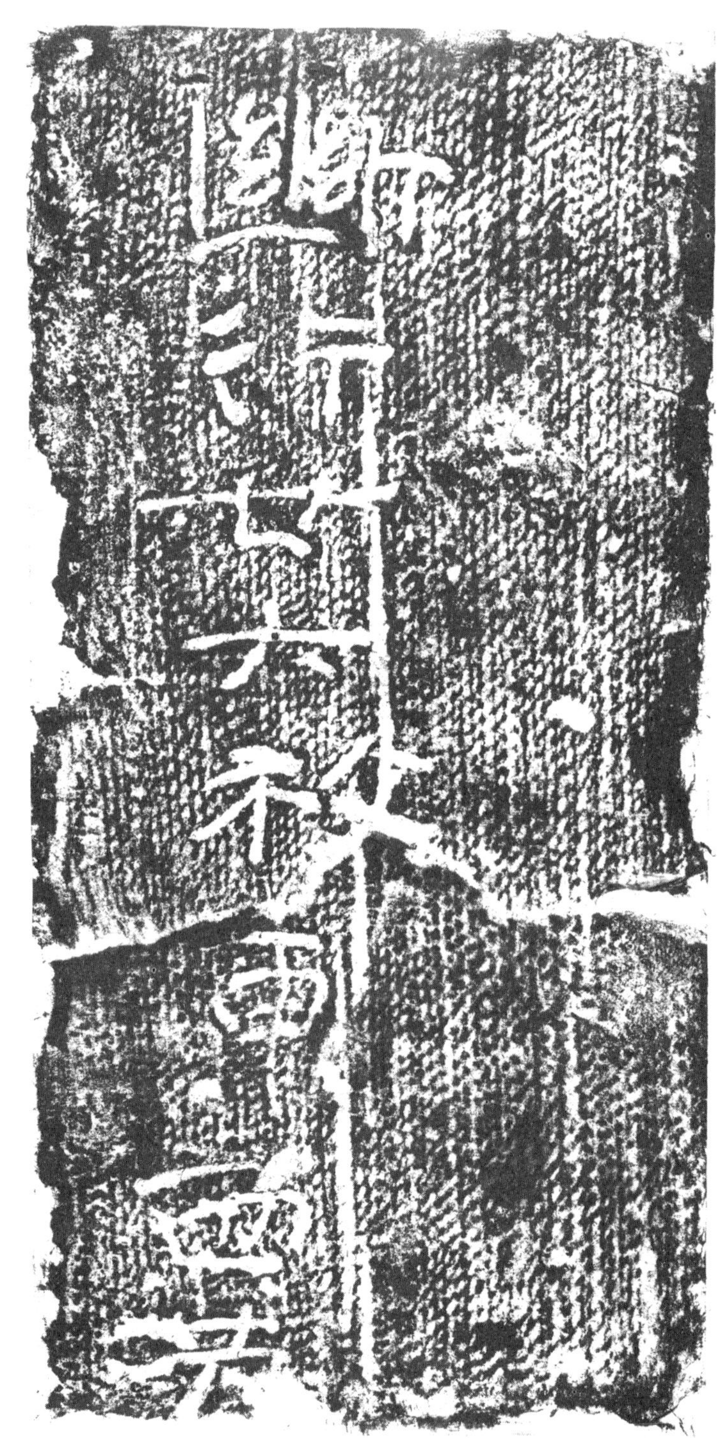

072號　斷行磚

小長條磚，字在繩紋面，竪寫1行，8字。

斷行廿六枚東西共

載：《文物》1978年8期。

073號　乙吾磚

小長條磚，字在磚横頭，竪寫1行，2字。

乙吾

載：《文物》1978年8期；《江淮論壇》1979年1期；《文物》1980年7期；《中原文物》1984年1期。

074號　令磚

小長條磚，橫放，字在背平面，竪寫1字。

令

75號　此行磚

小長條磚，字在磚橫頭，竪寫1行，4字。

此行成作

076號　作坯磚

小長條磚，字在磚横頭，竪寫1行，5字。

作坯從此北

077號　此上磚

小長條磚，字在磚橫頭，竪寫1行，5字。

此上後日作

078號　公丈磚

小長條磚，字在磚橫頭，竪寫1行，7字。

公丈作此北行五

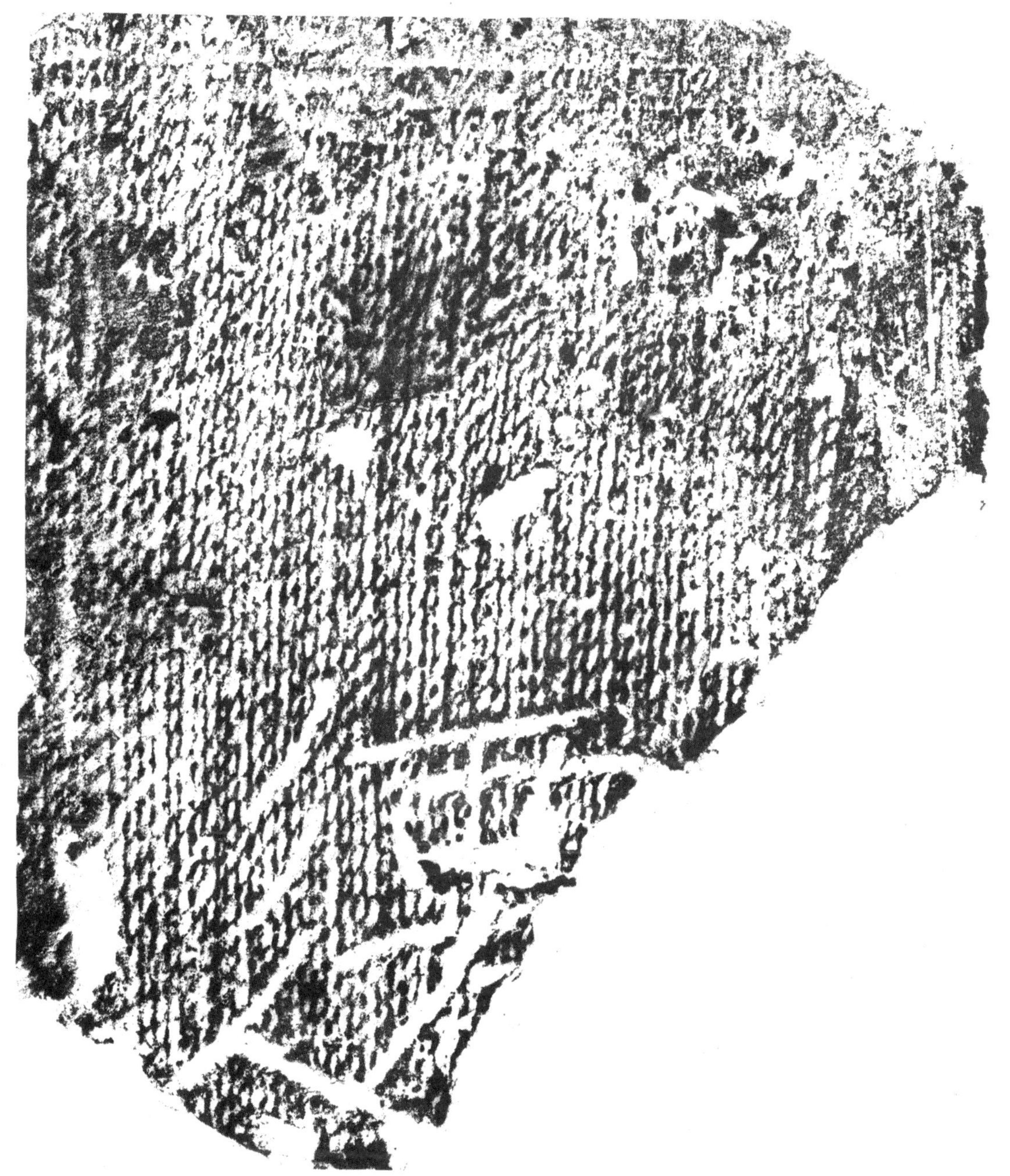

079號　遷磚

大楔形磚，小頭朝上，字在繩紋面，豎寫1字。

遷

080號　使磚

小長條磚，字在繩紋面，竪寫1字。

使

081號　環磚

小長條磚，字在繩紋面，橫寫1字。

環

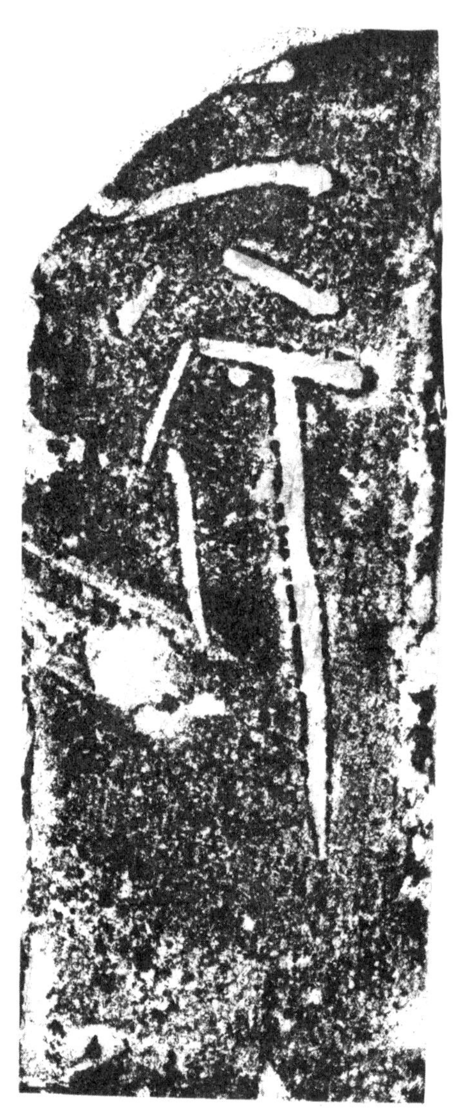

082號　一行磚

小長條磚，字在磚横頭，竪寫1行，2字。

一行

083號　東磚

小長條磚，字在磚横頭，竪寫1字。

東

084號　五磚（一）

大楔形磚，字在大横頭，竪寫1字。

五

085號　五磚（二）

小長條磚，字在磚橫頭，竪寫1字。

五

086號　六磚

大楔形磚，字在大横頭，竪寫1字。

六

087號　十磚（一）

小楔形磚，字在小橫頭，竪寫1字。

十

088號　十磚（二）

小長條磚，字在磚横頭，竪寫1字。

十

089號　十磚（三）

小長條磚，字在磚横頭，竪寫1字。

十

090號　十磚（四）

小長條磚，字在磚横頭，竪寫1字。

十

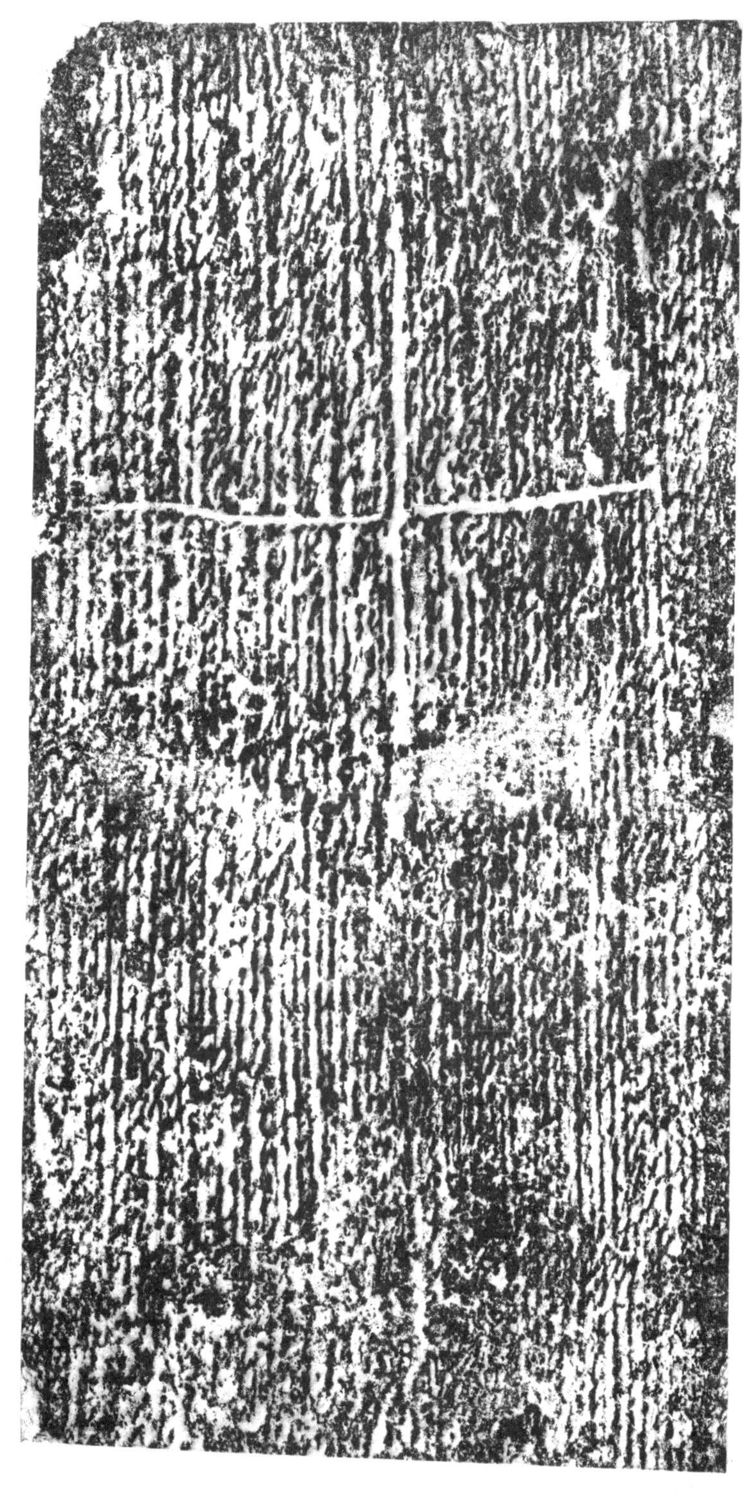

091號　十磚（五）

小長條磚，字在繩紋面，竪寫1字。

十

092號　十磚（六）

小長條磚，字在磚横頭，竪寫1字。

十

093號　十磚（七）

小長條磚，字在磚横頭，竪寫1行，2字。

十十

094號　十磚（八）

小長條磚，字在磚横頭，竪寫1字。

十

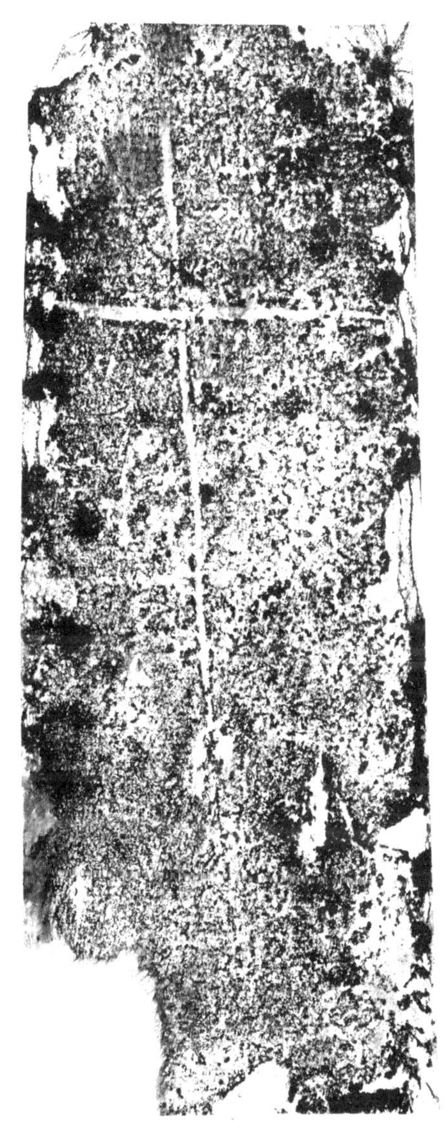

095號　十磚（九）

小長條磚，字在磚横頭，竪寫1字

十

096號　十磚（十）

小長條磚，字在磚横頭，竪寫1字

十

097號　十磚（十一）

小楔形磚，字在大横頭，竪寫1字

十

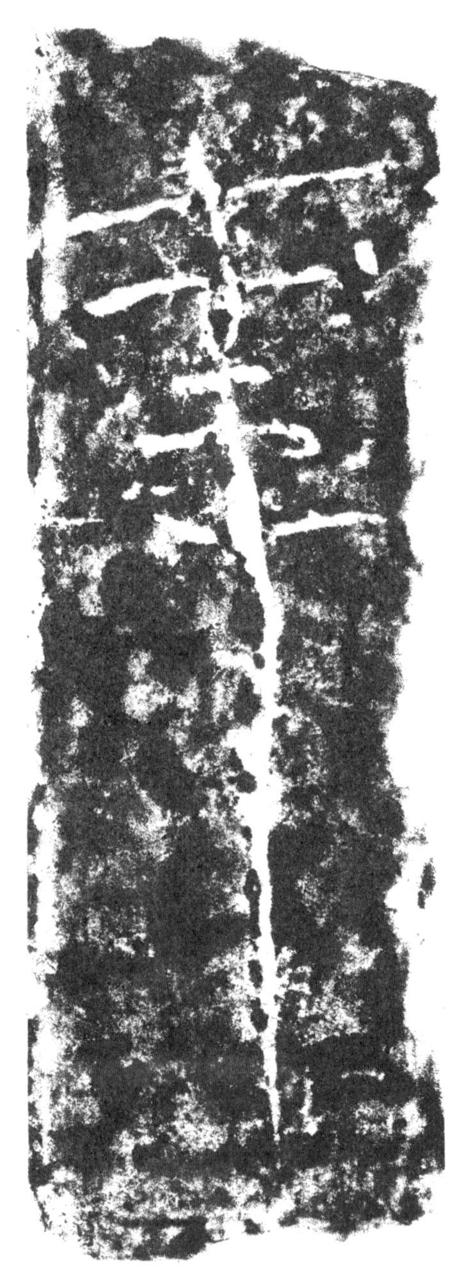

098號　南十磚

小長條磚，字在磚横頭，竪寫1行，2字。

南十

099號　十磚（十二）

大楔形磚，字在背平面，横寫1字。

十

100號　一十磚（一）

小楔形磚，字在小横頭，竪寫1行，2字。

一十

101號　一十磚（二）

小長條磚，字在磚橫頭，竪寫1行，2字

一十

102號　十十磚

小長條磚，字在磚橫頭，竪寫1行，2字。

十十

103號　十一磚（一）

小楔形磚，字在大横頭，竪寫1行，2字。

十一

104號　十一磚（二）

小長條磚，字在磚橫頭，竪寫1行，2字。

十一

105號　十四磚

小楔形磚，字在小横頭，竪寫1行，2字。

十四

106號　二十磚

小長條磚，字在磚横頭，竪寫1行，2字。

二十

107號　廿磚（一）

小長條磚，字在磚横頭，竪寫1字。

廿

108號　廿磚（二）

小長條磚，字在磚橫頭，竪寫1字。

廿

109號　卄磚

小長條磚，字在磚横頭，竪寫1字。

卄

110號　一廿磚

小長條磚，字在磚横頭，竪寫1行，2字。

一廿

111號　廿磚（三）

小長條磚，字在磚横頭，竪寫1字。

廿

112號　廿磚（四）

小長條磚，字在磚横頭，竪寫1字。

廿

113號　三十磚

小長條磚，字在磚橫頭，竪寫1行，2字。

三十

114號　卅磚（一）

小長條磚，字在磚横頭，竪寫1字。

卅

115號　卅磚（二）

小長條磚，字在磚側面，竪寫1字。

卅

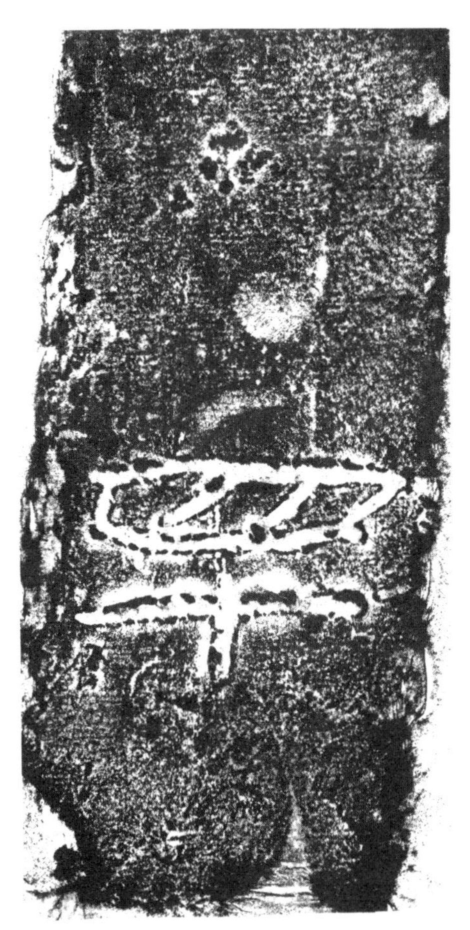

116號　四十磚（一）

小長條磚，字在磚横頭，竪寫1行，2字。

四十

117號　四十磚（二）

小長條磚，字在磚橫頭，豎寫1行，2字。

四十

118號　四十磚（三）

小長條磚，字在磚橫頭，竪寫1行，2字。

四十

119號　卌磚

小長條磚，字在磚橫頭，竪寫1字。

卌

120號　四十五磚

小長條磚，字在磚横頭，竪寫1行，3字。

四十五

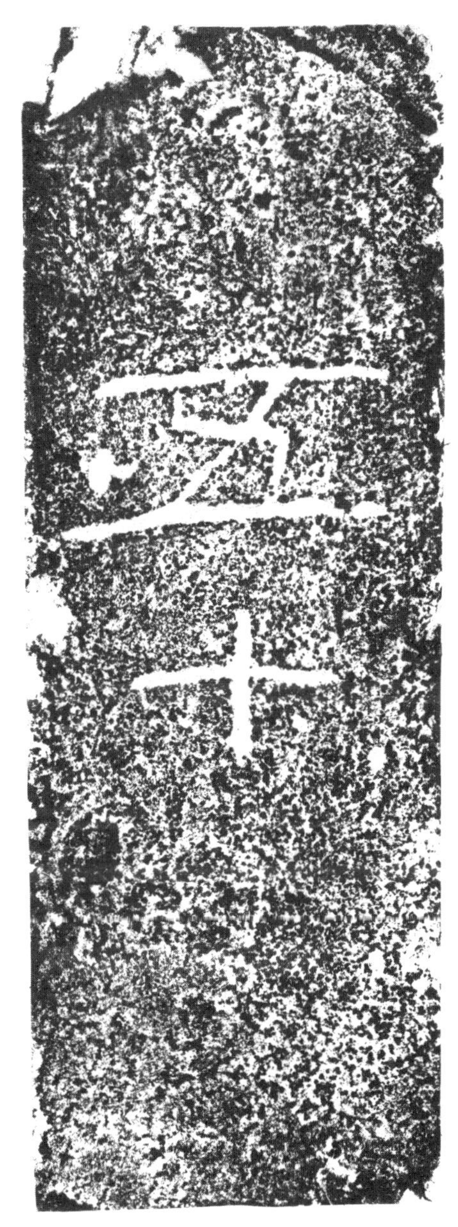

121號　五十磚（一）

小長條磚，字在磚横頭，竪寫1行，2字。

五十

122號　五十磚（二）

小長條磚，字在磚橫頭，竪寫1行，2字。

五十

123號　五十磚（三）

小長條磚，字在磚橫頭，竪寫1行，2字。

五十

124號　五十六磚

小長條磚，字在磚橫頭，竪寫1行，3字。

五十六

125號　六十磚（一）

小長條磚，字在磚橫頭，竪寫1行，2字。

六十

126號　六十磚（二）

小長條磚，字在磚橫頭，竪寫1行，2字。

六十

127號　六十磚（三）

小長條磚，字在磚橫頭，竪寫1行，2字。

六十

128號　六十磚（四）

小長條磚，字在磚横頭，竪寫1行，2字。

六十

129號　六十磚（五）

小長條磚，字在磚橫頭，竪寫1行，2字。

六十

130號　六十磚（六）

小長條磚，字在磚横頭，竪寫1行，2字。

六十

131號　七十磚（一）

小長條磚，字在磚橫頭，竪寫1行，2字。

七十

132號　七十磚（二）

小長條磚，字在磚横頭，竪寫1行，2字。

七十

133號　八十磚（一）

小長條磚，字在磚橫頭，竪寫1行，2字。

八十

134號　八十磚（二）

小長條磚，字在磚横頭，竪寫1行，2字。

八十

135號　九十磚（一）

小長條磚，字在磚橫頭，竪寫1行，2字。

九十

136號　九十磚（二）

小長條磚，字在磚橫頭，竪寫1行，2字。

九十

137號　九十磚（三）

小長條磚，字在磚橫頭，竪寫1行，2字。

九十

138號 從此當百磚

大楔形磚，字在小横頭，竪寫1行，4字。

從此當百

139號　百磚（一）

小長條磚，字在磚橫頭，竪寫1字。

百

140號　百磚（二）

小長條磚，字在磚橫頭，竪寫1字。

百

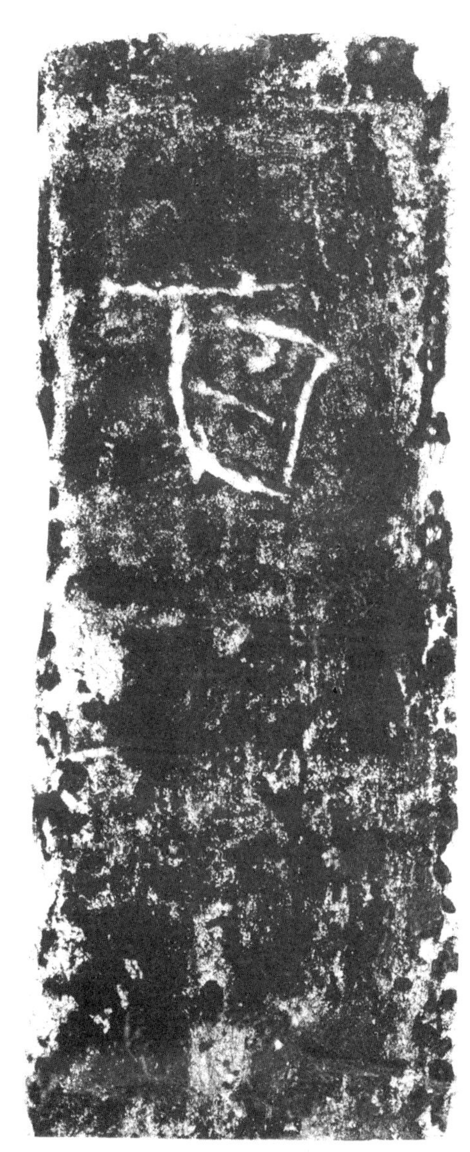

141號　百磚（三）

小長條磚，字在磚横頭，竪寫1字。

百

142號　百廿磚

小長條磚，字在磚横頭，竪寫1行，2字。

百廿

143號　百卅磚（一）

小長條磚，字在磚橫頭，竪寫1行，2字。

百卅

144號　百卅磚（二）

小長條磚，字在磚横頭，竪寫1行，2字。

百卅

145號　百五十磚

小長條磚，字在磚横頭，竪寫1行，3字。

百五十

146號　二百磚

小長條磚，字在磚横頭，竪寫1行，2字。

二百

147號　大凡四百磚

小長條磚，字在磚橫頭，豎寫1行，6字。

大凡四百卌放

148號　六百磚

小長條磚，字在磚橫頭，竪寫1行，4字。

六百廿一

149號　七百磚

小長條磚，字在磚横頭，竪寫1行，2字.

七百

150號　二千磚

大楔形磚，字在小橫頭，竪寫1行，4字。

二千八百

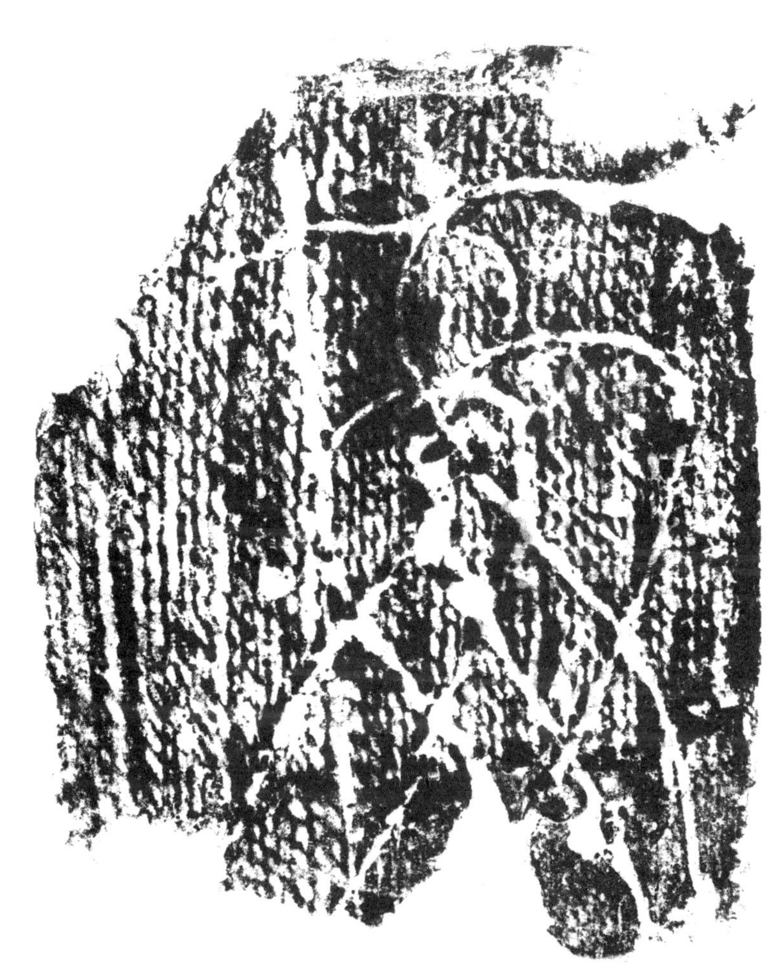

151號　畫字磚

小長條磚，字在繩紋面，竪寫1字。

似鳥文“夏”字

152號　畫意磚（一）

小長條磚，畫在繩紋面上。

方格紋

153號　畫意磚（二）

小長條磚，橫放，畫在繩紋面。

菱形發光寶石

154號　畫意磚（三）

小長條磚，竪放，畫在磚側面。

似"五"字叠連畫

155號　畫意磚（四）

小長條磚，竪放，畫在磚側面。

似數目字重疊畫

156號　畫意磚（五）

大楔形磚，畫在小横頭。

似“百八四”隨意寫畫

157號　畫意磚（六）

小長條磚，畫在磚側面。

似“廿”連畫

158號　模糊磚（一）

楔形磚，字在横頭，竪寫1行，2字。

百（?）十

159號　模糊磚（二）

小楔形磚，横放，字在小横頭。

王（?）

160號　模糊磚（三）

小長條磚，字在橫頭，竪寫。

漯（？）

161號　模糊磚（四）

小長條磚，字在磚橫頭。

四七五

162號　模糊磚（五）

小長條磚，竪放，字在磚横頭。

百十